Por uma revolução africana

Frantz Fanon

Por uma revolução africana

Textos políticos

Tradução:
Carlos Alberto Medeiros

3ª reimpressão

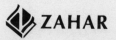

Copyright © 1959 by Editions François Maspero, Paris
Copyright © 2011 by Editions La Découverte, Paris

*Cet ouvrage, publié dans le cadre du Programme d'Aide à la Publication année 2020
Carlos Drummond de Andrade de l'Ambassade de France au Brésil, bénéficie du
soutien du Ministère de l'Europe et des Affaires étrangères.*
Este livro, publicado no âmbito do Programa de Apoio à Publicação ano 2020
Carlos Drummond de Andrade da Embaixada da França no Brasil, contou
com o apoio do Ministério francês da Europa e das Relações Exteriores.

**AMBASSADE
DE FRANCE
AU BRÉSIL**
*Liberté
Égalité
Fraternité*

*Grafia atualizada segundo o Acordo Ortográfico da Língua Portuguesa
de 1990, que entrou em vigor no Brasil em 2009.*

Título original
Pour la Révolution Africaine

Capa
Oga Mendonça

Preparação
Willian Vieira

Revisão
Carmen T. S. Costa
Adriana Moreira Pedro

Dados Internacionais de Catalogação na Publicação (CIP)
(Câmara Brasileira do Livro, SP, Brasil)

Fanon, Frantz
   Por uma revolução africana : textos políticos / Frantz Fanon ; tradução
Carlos Alberto Medeiros. — 1ª ed. — Rio de Janeiro : Zahar, 2021.

   Título original: Pour la Révolution Africaine.
   ISBN 978-85-378-1912-8

   1. África – Civilização 2. Ciências políticas 3. Racismo – África I. Título.

21-55635   CDD: 320

Índice para catálogo sistemático:
1. Ciências políticas 320

Aline Graziele Benitez – Bibliotecária – CRB-1/3129

Todos os direitos desta edição reservados à
EDITORA SCHWARCZ S.A.
Praça Floriano, 19, sala 3001 — Cinelândia
20031-050 — Rio de Janeiro — RJ
Telefone: (21) 3993-7510
www.companhiadasletras.com.br
www.blogdacompanhia.com.br
facebook.com/editorazahar
instagram.com/editorazahar
twitter.com/editorazahar

Sumário

Prefácio à edição brasileira, por Deivison Faustino   7

I. A questão do colonizado

1. A "síndrome norte-africana"   37

2. Antilhanos e africanos   54

II. Racismo e cultura

1. Racismo e cultura   69

III. Pela Argélia

1. Carta a um francês   87

2. Carta ao ministro residente (1956)   92

IV. Rumo à libertação da África

1. Decepções e ilusões do colonialismo francês   99

2. A Argélia diante dos torturadores franceses   107

3. A propósito de uma defesa   118

4. Os intelectuais e democratas franceses diante
   da Revolução Argelina   122

5. Nas Antilhas, o nascimento de uma nação?   141

6. O sangue magrebino não correrá em vão   151

7. A farsa que muda de campo   157

8. Descolonização e independência   160

9. Uma crise contínua   169

10. Carta à juventude africana   177

11. Principais verdades a respeito do problema colonial   184

12. A lição de Cotonou   192

13. Apelo aos africanos   197

14. Perspectivas de um plebiscito na África   200

15. A Guerra da Argélia e a libertação dos homens   210

16. A Argélia em Acra   218

17. Acra: a África reafirma sua unidade e define sua estratégia   221

18. As tentativas desesperadas do sr. Debré   227

19. Furor racista na França   234

20. O sangue corre nas Antilhas sob dominação francesa   239

21. Unidade e solidariedade efetiva são as condições para a libertação africana   242

v. **Unidade africana**

1. Essa África que está por vir   249

2. A morte de Lumumba: poderíamos ter agido de outra forma?   267

Notas   277

Prefácio à edição brasileira

A ESTADIA DE FRANTZ FANON na Argélia e na Tunísia entre 1953 e 1961 foi determinante para a estruturação de seu pensamento político e profissional. Em 1953, recém-formado doutor em psiquiatria, Fanon se torna chefe da ala psiquiátrica do Hospital de Blida-Joinville, na Argélia, onde colocará em prática o aprendizado, obtido junto ao mestre catalão François Tosquelles.[1] No entanto, esse percurso foi irreversivelmente modificado com a eclosão da guerra de libertação argelina, em 1954. Fanon, que anos antes, em *Pele negra, máscaras brancas*, já havia clamado por uma "explosão que reestruturasse completamente o mundo colonial",[2] não hesitou em se posicionar a favor da luta de independência, e essa postura teve efeitos decisivos sobre a sua vida cotidiana. Os artigos presentes em *Por uma revolução africana* revelam parte fundamental dessa posição, mas sobretudo do desenvolvimento de suas teorias desde o período em que escreveu *Pele negra*, no início da década de 1950, até o fim da sua curta vida, em 1961.

---

1. Alguns artigos científicos de Fanon apresentando essas experiências em Congressos Acadêmicos de Psiquiatria podem ser encontrados em *Alienação e liberdade: escritos psiquiátricos*. São Paulo: Ubu, 2020.

2. E segue: "A explosão não vai acontecer hoje. Ainda é muito cedo... ou tarde demais". Frantz Fanon. *Pele negra, máscaras brancas*. Salvador: Edufba, 2008, p. 25 (reeditado em 2020 pela editora Ubu); "O prognóstico está nas mãos daqueles que quiserem sacudir as raízes contaminadas do edifício" (p. 28); "Uma outra solução é possível. Ela implica uma reestruturação do mundo" (p. 82).

Por uma revolução africana: Textos políticos é o conjunto de 28 artigos escritos em ocasiões diversas por Frantz Fanon e reunidos por iniciativa de François Maspero,[3] Giovanni Pirelli[4] e Giulio Einaudi.[5] Uma parte desses textos foi originalmente publicada por Fanon no *El Moudjahid*,[6] jornal da Frente de Libertação Nacional da Argélia (FLN). O grande desafio encontrado nessa tarefa foi saber quais artigos foram efetivamente escritos por ele, dado o anonimato editorial exigido pelo contexto da guerra. Para resolver esse enigma, François Maspero solicitou a Rédha Malek, editor-chefe da redação de *El Moudjahid* nos

---

3. Foi o coordenador da Éditons Maspero de 1959 até 1982, quando se afasta da direção da editora e ela é renomeada como La Découverte. À exceção da primeira e da segunda edições francesas de *Peau noire, masques blancs* (Paris, Seuil, 1952 e 1965), todos os escritos de Fanon foram originalmente publicados por essa editora.

4. Neto e herdeiro direto do multibilionário Giovanni Battista Pirelli (o fundador da fábrica italiana de pneumáticos que leva o seu nome), rompeu com a família para se filiar ao marxismo e ao antifascismo italiano. Com essa escolha — que lhe custou não apenas a perda da herança mas a proibição expressa de que fosse enterrado no túmulo da família —, aproximou-se da luta de libertação da Argélia e dos comitês europeus de apoio à libertação africana, onde pôde conhecer e se tornar amigo pessoal de Frantz Fanon. A Itália se converteu em um importante ponto de encontro entre militantes anticoloniais africanos e asiáticos — o que explica a realização do II Congresso de Artistas e Escritores Negros em Roma —, e Pirelli foi o principal divulgador do pensamento de Fanon no país. Cf. Mariamargherita Scotti. *Vita di Giovanii Pirelli. Tra cultura e impegno militante*. Col. Sagi. Storia e scienze sociali. Roma: Donzelli Editore, 2018.

5. Editor também de uma casa que levou o seu nome e que publicou na Itália obras de autores da esquerda mundial, como Marx, Gramsci e o próprio Fanon.

6. Uma tradução possível do árabe argelino para o português seria "guerreiro santo" ou "guerreiro de fé". O tom religioso do nome escolhido para o jornal buscava dialogar com o imaginário islâmico da maioria da população argelina. Mais informações em Deivison Faustino. *Frantz Fanon: um revolucionário, particularmente negro*. São Paulo: Ciclo Contínuo, 2018.

Prefácio à edição brasileira

anos em que Fanon atuou como colunista, e à viúva de Fanon, Marie-Josèphe Dublé, conhecida como "Josie",[7] a definição de quais artigos eram indubitavelmente dele. Enquanto isso, Giovanni Pirelli, que também manteve um contato próximo com Fanon durante o período de redação, se empenhou em criar uma terceira lista. O resultado foi a existência de três listas divergentes e uma disputa que quase resultou na recusa de Josie à concessão dos direitos para publicação.[8] Os textos aqui apresentados são uma síntese consolidada das três listas.

Frantz Omar Fanon (1925-61) foi, antes de tudo, um revolucionário. Psiquiatra e intelectual orgânico da FLN, estruturou a sua produção teórica em torno da crítica radical ao colonialismo e, acima de tudo, da busca irrestrita pela emancipação humana. Retomar a sua obra é essencial na medida em que as feridas diagnosticadas por Fanon seguem abertas — e, mais importante, o prognóstico e as profilaxias que ofereceu ainda

---

7. Lewis Gordon apresenta a seguinte informação biográfica a respeito da importância de Josie na escrita de Fanon: "Ela foi sua parceira de luta e ideias. Fanon raramente escrevia seus trabalhos, optando por ditá-los a um datilógrafo, o que explica por que seus artigos e livros costumam ser lidos melhor em voz alta. Na maioria dos casos, essa datilógrafa era Josie, que também coeditou alguns dos trabalhos publicados de Fanon. Ela era, então, em muitos aspectos, o verdadeiro leitor/ ouvinte/ público, a presença de carne e osso, a quem os textos eram endereçados e que, até certo ponto, assombra seus escritos como um entre seus muitos subtextos". Lewis Gordon. *What Fanon Said. A Philosophical Introduction to His Life and Thought*. Nova York: Fordham University Press, 2015, p. 14.

8. Ver Jean Khalfa, introdução a Frantz Fanon. *Écrits sur l'aliénation et la liberté*. Organização, introdução e apresentação Jean Khalfa e Robert Young. Paris: Éditons la Découvert, 2015, p. 449.

não foram suficientemente considerados. Assim, o exame aprofundado do conjunto da sua obra se coloca como tarefa fundamental; em especial, para aqueles que almejam decifrar e se posicionar diante das principais contradições sociais de nossa época.

Nascido na Martinica, então colônia francesa no Caribe, Frantz Fanon recebeu uma educação assimilacionista: de um lado, o colonialismo francês apostava no apagamento ou estigmatização das diferenças culturais afro-caribenhas em benefício da imposição dos pressupostos culturais metropolitanos; de outro lado, criava a ilusão de que o colonizado seria considerado parte da comunidade e da cidadania francesas, deixando assim de ser colonizado, caso assimilasse esses valores. Em 1944, durante a Segunda Guerra Mundial, juntou-se voluntariamente à Résistence, uma espécie de tropa rebelde organizada para defender os territórios franceses então ocupados pelo nazifascismo. Na ocasião, o racismo vivido pelos soldados oriundos das colônias o fez perceber que, embora ele se considerasse um francês, a sua cor o impedia de ser visto e respeitado como tal. Ao ser questionado por seus colegas sobre o porquê de seguir no front de batalha em defesa daqueles que não o viam como igual, ele teria respondido com a frase que mais tarde marcaria a introdução de seu primeiro livro: "Todas as vezes em que um homem fizer triunfar a dignidade do espírito, todas as vezes em que um homem disser 'não' a qualquer tentativa de opressão do seu semelhante, sinto-me solidário com seu ato".[9]

Em 1948, quando a guerra já havia acabado e a sua experiência militar lhe rendeu a possibilidade de estudar na metrópole,

---

9. Frantz Fanon. *Pele negra, máscaras brancas*, op. cit., p. 187.

Prefácio à edição brasileira 11

Fanon foi para a cidade de Lyon estudar psiquiatria, e lá desenvolveu grande interesse pelo existencialismo, o marxismo e a psicanálise, na qual encontrou subsídios para uma análise social dos fenômenos psíquicos. Antes dessa diáspora, o jovem martinicano já havia sido fortemente influenciado pelo movimento de negritude, cujo principal expoente fora o seu professor colegial Aimé Césaire. Mais tarde, na universidade, aproximou-se também de grupos de estudantes africanos e caribenhos. Foi nesse período de intensa movimentação estudantil que ele escreveu algumas peças teatrais, duas das quais estão disponíveis ao público brasileiro.[10] Posteriormente, o seu intento dramatúrgico foi interrompido para que pudesse se dedicar ao trabalho de conclusão do curso de psiquiatria, intitulado *Ensaio sobre a desalienação do negro*. Embora esse manuscrito tenha sido rejeitado por seu orientador — e rapidamente substituído por outro[11] —, Fanon posteriormente o apresentou a uma editora, que o publicou sob o título de *Pele negra, máscaras brancas*.

A editora em questão era a Éditions du Seuil,[12] coordenada por Francis Jeanson, um filósofo de esquerda que mais tarde se converteria em um militante francês nas fileiras interna-

---

10. Frantz Fanon. *O olho se afoga/ Mãos paralelas: Teatro filosófico*. Salvador: Segundo Selo, 2020.

11. *Um caso de doença de Friedreich com delírio de possessão: alterações mentais, modificações de caráter, distúrbios psíquicos e déficit intelectual na heredodegeneração espinocerebelar*. Este segundo "trabalho de conclusão de curso" foi publicado em português junto a outros textos clínicos de Fanon sob o título *Alienação e liberdade: escritos psiquiátricos*. São Paulo: Ubu, 2020.

12. A mesma que anteriormente publicara, em 1950, *Psychologie de la colonisation*, de Octave Mannoni. Livro que Fanon critica no quarto capítulo de *Pele negra*.

cionais da FLN. Companheiro intelectual de Jean-Paul Sartre, Albert Camus e, sobretudo, Emmanuel Mounier, Jeanson foi indicado por este último para ser um dos editores da renomada revista *Esprit*, e posteriormente da Seuil. Foi na *Esprit* que Fanon publicou seus dois primeiros artigos. O de estreia, "A experiência vivida do negro",[13] publicado em maio de 1951, corresponde integralmente ao quinto capítulo de *Pele negra*. O segundo artigo, "A 'síndrome norte-africana'", foi publicado em fevereiro de 1952 e é o abre-alas do livro que o leitor tem em mãos. Ambos os trabalhos abordam as questões relacionadas ao sofrimento psicossocial provocado pelo racismo: temas amplamente discutidos em *Pele negra*, mas que, sobretudo, se converteram em uma espécie de diagnóstico político e subjetivo cuja profilaxia são os textos apresentados em *Por uma revolução africana*. Foi provavelmente em sua passagem pela *Esprit* que Jeanson conheceu os escritos de Frantz Fanon e, apesar de um estranhamento inicial entre eles,[14] veio a ser, posteriormente, o responsável pela publicação do primeiro livro de Fanon, quando atuava como editor na Seuil.

---

13. "L'Expérience vécu du noir", *Esprit*, n. 179, maio 1951, pp. 657-79. Na edição, a seção temática em que o texto está alocado recebeu o título de um dos artigos que a acompanha: "La plainte du noir", a queixa do negro, do notável psicanalista lacaniano Octave Mannoni.

14. De acordo com o próprio Jeanson, o seu primeiro encontro com Fanon foi marcado por uma inesperada tensão: ao comentar que o manuscrito de *Ensaio sobre a desalienação do negro* (futuramente, *Pele negra, máscaras brancas*) era "excepcionalmente interessante", Jeanson escutou a seguinte resposta de Fanon: "O que você quer dizer com isso, que, para um negro, até que não está tão ruim?". A reação do editor foi apontar-lhe a porta, e Fanon se retirou sem mais nada dizer. Francis Jeanson, "Reconhecimento de Fanon [1965]", in Frantz Fanon. *Pele negra, máscaras brancas*. São Paulo: Ubu, 2020, p. 271.

Prefácio à edição brasileira 13

Ao concluir os seus estudos em psiquiatria, Fanon fez residência médica no Hospital Saint Alban, no sul da França, sob a supervisão do famoso psiquiatra catalão François Tosquelles. Ali, sob a influência direta da psicoterapia institucional, proposta por Tosquelles, Fanon aprofundou suas pesquisas sobre as dimensões sociais do adoecimento psíquico e, em especial, das possibilidades sociais de cura.[15] Mais tarde, ao chefiar o Departamento de Psiquiatria no Hospital de Blida-Joinville, entre 1953 e 1956, tomará como missão implantar a psicoterapia institucional no hospital. Foi nesse contexto de experimentos médicos antimanicomiais e anticoloniais em uma sociedade segregada que Fanon viu explodir diante de seus olhos a guerra pela libertação nacional da Argélia — evento que marcaria em definitivo a sua trajetória pessoal, clínica, política e teórica, bem como parte significativa dos escritos aqui reunidos.

O conjunto de ensaios escritos ao longo da curta vida de Fanon é bastante amplo. Publicou *Pele negra, máscaras brancas* (1952); *O ano V da Revolução Argelina: sociologia de uma revolução* (1958)[16] e *Os condenados da terra* (1961) enquanto estava vivo. Mas *Por uma revolução africana* (1964) e uma dezena de artigos inéditos só foram conhecidos após sua morte, em dezembro de

---

15. A psicoterapia institucional [*psycothérapie institucionnale*] "consistia em criar um microcosmo do 'mundo real', uma abertura ao mundo no contexto hospitalar, em que o paciente desempenharia um papel ativo ao longo do dia, trabalhando e dando conta de múltiplas atividades. A construção de uma estrutura social era, portanto, fator essencial na reconstrução da personalidade". Jean Khalfa, "Fanon, psiquiatra revolucionário", in Frantz Fanon. *Alienação e liberdade: escritos psiquiátricos*. São Paulo: Ubu, 2020, p. 40.
16. A ser publicado pela Zahar em 2022.

1961. Esses artigos, uma imensa coleção de centenas de páginas, estão sendo traduzidos aos poucos para o leitor brasileiro por editoras diversas.[17]

Por uma revolução africana possui uma temática cambiante, que se inicia em 1951 com a discussão das relações étnico-raciais entre negros e brancos e termina em 1961 com a projeção dos movimentos de descolonização na África como lutas de libertação. Foram apenas dez anos de produção teórica, interrompidos com a morte prematura do autor, aos 36 anos. Essa produção, no entanto, foi fortemente influenciada pelo ambiente político e de trocas colaborativas de que Fanon fez parte durante a sua atuação como intelectual orgânico da revolução argelina. Não apenas os artigos aqui apresentados, como também os seus livros posteriores a *Pele negra*, devem ser compreendidos neste contexto. Assim, podemos aplicar a *Por uma revolução africana* o que Rédha Malek afirma a respeito de *Os condenados da terra*:

---

17. Reunidos em francês como *Écrits sur l'aliénation et la liberté: inédits*. Paris: Éditions la Découverte, 2015. A primeira parte, "Théâtre", foi publicada como *O olho se afoga/ Mãos paralelas: Teatro filosófico* (Salvador: Segundo Selo, 2020); a segunda parte, "Écrits psychiatriques", foi publicada como *Alienação e liberdade: escritos psiquiátricos* (São Paulo: Ubu, 2020); e a terceira parte, "Écrits politiques", ao que tudo indica, será publicada como *Escritos políticos* pela Boitempo. As duas últimas partes da coletânea francesa seguem sem publicação no Brasil: a quinta parte, "Publier Fanon (France et Italie, 1959-1971)", é um conjunto de cartas trocadas entre Fanon e alguns de seus editores mais importantes, tratando da publicação de seus escritos. A última parte, "La bibliothèque de Frantz Fanon", foi organizada por Jean Khalfa e contém uma lista dos livros de Fanon com os comentários que fez às obras.

Prefácio à edição brasileira 15

não é nada mais que o desenvolvimento e um aprofundamento das questões tratadas em *El Moudjahid*, elaborados no cotidiano da nossa redação [...]. Não se trata de diminuir a contribuição pessoal de Fanon, mas de situá-lo no contexto concreto a que ele havia maravilhosamente se integrado.[18]

A parte I do livro, "A questão do colonizado", foi escrita quando Fanon finalizava seu curso de graduação e buscava uma colocação profissional em Paris. A seção é composta por dois artigos publicados originalmente na mencionada *Esprit*: "A 'síndrome norte-africana'", de 1952, ano de publicação de *Pele negra, máscaras brancas*, e "Antilhanos e africanos", de 1955. Em ambos, encontram-se os dilemas de um jovem intelectual diante da interdição do reconhecimento humano em meio ao complexo social colonialista. De um lado, os reflexos do racismo na literatura e práticas médicas francesas e, de outro, seus reflexos no estranhamento do colonizado consigo e com o seu semelhante. É nesse momento, a partir da ideia de "miragem negra", que o autor revela a sua preocupação com as noções metafísicas de raça e negritude, ao mesmo tempo enfatizando a necessidade histórica dos movimentos políticos que se estruturam em torno da defesa das identidades subalternizadas.

A parte II do livro apresenta um dos ensaios mais importantes de Frantz Fanon: "Racismo e cultura", texto de intervenção no I Congresso dos Escritores e Artistas Negros, em Paris, em setembro de 1956, publicado originalmente em número especial da revista *Présence Africaine*, de junho-novembro de 1956. É válido lembrar que as posições defendidas no congresso se

---

18. Citado por Jean Khalfa. Op. cit., p. 450.

colocavam na contramão das perspectivas hegemonicamente assumidas pelo movimento de negritude, embora encontrasse nele a sua fundamentação.[19] A noção de "racismo cultural" exposta por Fanon opunha-se tanto às definições acadêmicas de racismo que o reduziam à sua expressão biologicista, já em questionamento na época, quanto às posições culturalistas assumidas por parte importante do movimento de negritude. Da mesma forma, a noção de "mumificação cultural" por ele apresentada alertava para os riscos de calcificação (essencialista ou metafísica) da cultura e das representações do colonizado a respeito do mundo e de si.

Ao mesmo tempo, é aqui que Fanon lança mão da noção hegeliana de "alienação" para explicar o desejo frustrado do colonizado por reconhecimento em um mundo que não o vê como humano, assim como os dilemas enfrentados por este ao perceber a inutilidade de sua autonegação em favor do mundo branco.[20] Ocorre, no entanto, que para Fanon a alienação não se expressa apenas por meio do auto-ódio provocado pelo racismo, mas também pela aceitação para si dos ideais fetichizados criados pelos colonizadores. Embora esse movimento de retorno e afirmação dos elementos culturais negados cumpra uma função política e simbólica fundamental durante a luta

---

19. Cf. Deivison Faustino. *Frantz Fanon: um revolucionário, particularmente negro*, op. cit.

20. Sobre as relações entre Fanon e Hegel, ver Ato Sekyi-Otu. *Fanon's Dialectic of Experience*. Londres: Harvard University Press, 1996; Stefan Bird-Pollan. *Hegel, Freud and Fanon: The Dialectic of Emancipation*. Col. Creolizing the Canon. Londres-Nova York: Rowman & Littlefield, 2015; Deivison Faustino. *A disputa em torno de Frantz Fanon: a teoria e a política dos fanonismos contemporâneos*. São Paulo: Intermeios, 2020.

Prefácio à edição brasileira 17

anticolonial, ele deveria ser superado em seu próprio ato de afirmação, sob o risco de se manter — de maneira invertida, mas ainda fetichizada — a reificação cultural empreendida pelo colonialismo.

A parte III é reflexo direto da experiência revolucionária de Fanon na Argélia. Diante da insurgência argelina, Fanon decidiu, em um primeiro momento, aproveitar sua posição como chefe da ala psiquiátrica do Hospital de Blida-Joinville para transformá-la em um ponto de apoio clandestino à revolução. Sob sua ativa colaboração, a instituição passou a receber militantes nacionalistas feridos ou perseguidos pelas forças de repressão colonial. Alguns simulavam demência e fingiam ser pacientes, de modo a driblar a política francesa.[21] Enquanto isso, o jovem chefe psiquiatra desviava medicamentos para o front de batalha e, ao mesmo tempo, treinava guerrilheiros em técnicas de primeiros socorros. Essa atitude levantou descontentamento e desconfiança entre os funcionários e, com o tempo, colocou Fanon na mira da polícia francesa.[22]

Ao perceberem o fortalecimento político e o enraizamento popular da FLN, os aparelhos de repressão coloniais incrementam seus repertórios de combate com a adoção sistemática da prática de tortura. Assim, a tortura — em todas as implicações violentas que a compõem — deixava de ser uma prática desumanizadora de obtenção de informação para ser convertida em uma das principais armas psíquicas de desmantelamento moral

---

21. Ver Jean Khalfa. Op. cit.
22. Cf. Deivison Faustino. *Frantz Fanon: um revolucionário, particularmente negro*. Op. cit.

e subjetivo dos militantes nacionalistas.[23] Essa mudança resultou, por um lado, em um número crescente de adoecimento psíquico grave entre os ativistas que sobreviviam às torturas, e que frequentemente eram acolhidos de modo clandestino no hospital chefiado por Fanon; e, por outro lado, em uma surpreendente produção de adoecimento psíquico entre os torturadores, também encaminhados, estes oficialmente, ao hospital.[24] Assim, Fanon e sua equipe passaram a atender os torturados de madrugada e os torturadores ao longo do dia. Exausto, e ao mesmo tempo temendo por sua integridade e a de sua família, o médico desabafou em uma carta pública de demissão, enviada à administração colonial francesa em 1956: "Há muitos meses minha consciência é palco de debates imperdoáveis. E a conclusão é a vontade de não perder a esperança no homem, ou seja, em mim mesmo".

Na carta — intitulada "Carta ao ministro residente" e alocada na parte III deste livro, juntamente com a "Carta a um francês" — encontramos outros elementos centrais à posição de Fanon sobre o papel dos chamados "saberes psi" diante de uma sociabilidade estruturada a partir da violência total:

---

23. Essa inovação estratégica conferiu à inteligência militar francesa um lugar de destaque entre os exércitos das principais potências imperialistas. Mesmo derrotada na Argélia, grandes nomes militares franceses, como o general Paul Aussaresses, foram convidados pelos Estados Unidos para exportar a sua tecnologia aos executores das ditaduras latino-americanos. Ver Walter Gunther Lippold. *Frantz Fanon e a rede intelectual argelina: circulação de ideias revolucionárias e sujeito coletivo no jornal* El Moudjahid *(1956-1962)*. Tese de doutorado. Programa de Pós-Graduação em História, UFRGS, 2019.
24. Ver as anotações de Fanon em *Os condenados da terra*. Juiz de Fora: UFJF, 2010, cap. 5, "Guerra colonial e distúrbios mentais", pp. 258-9.

Prefácio à edição brasileira

Durante quase três anos, dediquei-me totalmente a servir a este país e aos homens que o habitam. Não poupei esforços nem entusiasmo. Não houve uma única parcela de minhas ações que não exigisse como horizonte a emergência unanimemente almejada de um mundo adequado.

Mas o que são o entusiasmo e a preocupação de um homem se diariamente a realidade é tecida de mentiras, covardias e desprezo pelo homem?

[...]

A loucura é um dos meios que o homem tem de perder sua liberdade. E posso dizer que, situado nessa interseção, pude constatar com horror a amplitude da alienação dos habitantes deste país.

Se a psiquiatria é a técnica médica que se propõe permitir que o homem não seja mais um estrangeiro em seu ambiente, devo afirmar que o árabe, alienado permanente em seu país, vive num estado de despersonalização absoluta.

A condição da Argélia? Uma desumanização sistematizada.

Ora, a aposta absurda era querer a todo custo fazer existirem alguns valores quando o não direito, a desigualdade, o assassinato multicotidiano do homem eram transformados em princípios legislativos.

A estrutura social existente na Argélia se opunha a qualquer tentativa de recolocar o indivíduo em seu lugar.

Depois desse manifesto, Fanon recebeu uma carta oficial de expulsão, escrita pela administração francesa na Argélia, dando-lhe 24 horas para deixar o país. Mais tarde, passou a ser perseguido pelas forças repressivas francesas como um criminoso, e a opção mais segura — após se abrigar clandestinamente com a família em Lyon e depois Paris, com a ajuda de Francis Jeanson — foi o exílio na Tunísia, onde havia uma importante base política de apoio à FLN. Em seu novo endereço, seguirá o seu trabalho psiquiátrico, empreendendo grandes mudanças na psiquiatria tunisiana, mas também em sua própria prática clínica.[25]

Com a mudança, o ciclo anterior se encerra e temos a consolidação de Fanon, o revolucionário, particularmente negro, como um intelectual orgânico da FLN — posteriormente Governo Provisório da República da Argélia (GPRA) — com três grandes atribuições: escrever para o *El Moudjahid*; operar como embaixador da FLN junto às organizações revolucionárias e aos Estados recém-independentes da África subsaariana; e atuar no front de batalha usando seus conhecimentos médicos e militares, posto que Fanon já participara da Resistência armada contra a ocupação nazista na França.

Esse ambiente de troca, no entanto, não foi vivido sem conflitos políticos, teóricos e pessoais, alguns dos quais não poderiam ser publicizados, sob o risco de testemunhar contra a profilaxia revolucionária em que ele apostava. Simone de Beauvoir, a esse respeito, fez a seguinte declaração após o encontro pessoal com Fanon, em abril de 1961: "Sobre as dissensões, as intrigas, as liquidações e as oposições que mais tarde iriam provocar tantas agitações, Fanon sabia muito mais do que podia dizer. Esses segredos sombrios, e talvez também hesitações pessoais, davam às suas palavras um tom enigmático, obscuramente prático e atormentado".[26] Se pensarmos com Fanon, a partir de suas obras, convém não sermos inocentes

---

25. Cf. Deivison Faustino, *Frantz Fanon: um revolucionário, particularmente negro*, op. cit.

26. Simone de Beauvoir. *A força das coisas*. 2. ed. Rio de Janeiro: Nova Fronteira, 2009, p. 644.

Prefácio à edição brasileira 21

em relação a qualquer aposta política que se tenha em mente, a ponto de ignorar seus limites, contradições e armadilhas. Essa constatação, no entanto, não as invalida, mas permite uma relação menos emocionada[27] e mais consciente das fissuras e possibilidades abertas concretamente pela história.

Da nossa parte, sessenta anos após a sua morte, resta a tarefa de considerar esse contexto em um esforço de compreensão — não apenas das respostas oferecidas por Fanon, mas sobretudo das perguntas que ele se viu provocado a fazer. O cientista social brasileiro Walter Gunther Lippold, em sua pesquisa inaugural sobre a produção intelectual de Fanon e a circulação de ideias em torno da FLN, sugere a consideração de dois elementos fundamentais à compreensão do contexto ligado ao *El Moudjahid* e, por extensão, das posições assumidas em *Por uma revolução africana*: a existência de uma confluência política anticolonial no plano internacional, na África e na Ásia, e as disputas políticas no interior da própria FLN.[28] Nesse período, não apenas a Argélia entrava em ebulição, mas também o conjunto de insurgências ocorridas na região se inspirará nas recentes derrotas, totais ou parciais, do colonialismo europeu, a partir de eventos como a Guerra da Coreia (1950-53), a Revolução Chinesa (1949), a derrota francesa em Dien Bien Phu

---

27. "Essas verdades não precisam ser jogadas na cara dos homens. Elas não pretendem entusiasmar. Nós desconfiamos do entusiasmo. Cada vez que o entusiasmo aflorou em algum lugar, anunciou o fogo, a fome, a miséria... e também o desprezo pelo homem. O entusiasmo é, por excelência, a arma dos impotentes. Daqueles que esquentam o ferro para malhá-lo imediatamente. Nós pretendemos aquecer a carcaça do homem e deixá-lo livre." Frantz Fanon. *Pele negra, máscaras brancas*, op. cit., p. 27.
28. Ver Walter Gunther Lippold. Op. cit.

(1954), a perda francesa do Magrebe, com a independência do Marrocos e da Tunísia (1956), e, em especial, a conferência de Bandung, na Indonésia (1955), e os decorrentes realinhamentos políticos em torno de um projeto terceiro-mundista.[29] Fanon demonstra empolgação diante dessas experiências, uma vez que elas iam se apresentando, cada vez mais, como um bloco de resistência intercontinental anti-imperialista e anticolonial.

O segundo ponto observado por Lippold foi a grande disputa interna que ocorria na FLN, cujo resultado foi uma guinada estratégica da ação militar para a ação política, em que o *El Moudjahid* passou a ter uma função fundamental. Contrário à ala militar representada por Ahmed Ben Bella — que viria a ser o primeiro presidente argelino após a Revolução —, Abbane Ramdane, o "arquiteto da revolução argelina"[30] amigo pessoal e parceiro político de Frantz Fanon, se preocupava com a autoridade superdimensionada dos militares da FLN e propunha, como solução, um vínculo mais estreito entre a Frente e o povo argelino, sua cultura, desejos e aspirações. A partir da Conferência de Soummam, que reuniu o comitê central da organização, o jornal foi identificado como meio central de formação de quadros, propaganda revolucionária e obtenção de apoio e legitimidade externa, dando assim dimensão internacional à visão defendida pelos revolucionários.

---

29. A Conferência de Bandung, cidade da Indonésia, reuniu líderes de 29 países asiáticos e africanos entre 18 e 24 de abril de 1955. Entre os principais temas tratados estavam o colonialismo, o imperialismo e as independências nacionais, além da importante e nova concepção de Terceiro Mundo. O encontro influenciou importantes pensadores do pós-guerra, entre os quais Frantz Fanon e os revolucionários argelinos.
30. Cf. David Macey. *Franz Fanon: A Biography.* Londres: New Left Books, 2012, p. 81.

Prefácio à edição brasileira 23

A chegada de Fanon à redação do *El Moudjahid* coincidiu não apenas com essa mudança de orientação estratégica, mas também com a intensificação das disputas em torno do comando da organização. Por essa razão, é possível crer que os artigos publicados nesse veículo, incluindo os de Fanon, também tinham tal contexto como objeto e horizonte. A disputa entre Ramdane e Ben Bella, central para a definição do posicionamento do jornal, teve consequências dramáticas para Fanon, nos planos pessoal e ético. A tensão interna que resultou na vitória do posicionamento de Ramdane culminou em seu afastamento da FLN e posterior assassinato por ordens dos coronéis do Exército de Libertação Nacional, o braço armado da organização.[31] Embora possamos supor com grande chance de acerto que Fanon conhecesse os verdadeiros mandantes do assassinato de seu amigo,[32] sua opção foi manter silêncio a esse respeito e seguir apostando tanto no curso geral da Revolução Argelina junto à edição do jornal[33] quanto na crítica intransigente ao colonialismo francês. Nos dezesseis artigos apresentados na parte

---

31. "No entanto, na capa do *El Moudjahid* (1962, v. 1, p. 460) n. 24, 29 maio 1958, está a foto de Ramdane e a manchete informando que fora abatido pelo inimigo francês: *'Abbane Ramdane est mort au champ d'honneur'*. Quem controlava informações desse tipo era o Comitê de Coordenação e Execução (CCE), que as repassava ao editor-chefe de *El Moudjahid*, Redha Malek, responsável pelas duas versões do jornal (em francês e em árabe) e que respondia diretamente a Ahmed Boumendjel e ao ministro da Informação, M'Hamed Yazid." Ver Walter Gunther Lippold. Op. cit.

32. "Tenho na memória duas mortes que não me perdoo: a de Abbane e a de Lumumba". Depoimento a Simone de Beauvoir incluído em *A força das coisas*. Op. cit., p. 644.

33. Não se pode esquecer, contudo, que o seu nome estava em uma lista daqueles a serem executados caso se tornasse obstáculo interno para a liderança militar da FLN. Cf. David Macey. Op. cit.

IV de *Por uma revolução africana*, intitulada "Rumo à libertação da África", encontram-se em primeiro plano a crítica radical ao colonialismo francês, suas fragilidades, fantasias e agonia diante da luta anticolonial. Mas ao fundo, nas entrelinhas, pode-se perceber determinados posicionamentos ou disputas em relação aos horizontes políticos e econômicos da pós-independência que se avizinhava. Essas disputas, no entanto, não podiam aparecer abertamente e, por vezes, se viam sufocadas por consensos produzidos pela direção do movimento.

Três temas que merecem destaque nesse período de atuação junto ao corpo editorial de *El Moudjahid* são a noção de "complexo (*assemble*) colonialista", a crítica à esquerda francesa e o pan-africanismo. No primeiro caso, como argumenta o historiador Muryatan Barbosa, a categoria *configuração colonialista*,[34] ou *complexo colonialista*, aponta para a existência de um complexo sociometabólico pautado pela negação total da humanidade do colonizado, interditando as possibilidades substanciais e formais do seu reconhecimento enquanto ser humano. No artigo "A Argélia diante dos torturadores franceses", Fanon trata especificamente do tema da tortura, que o angustiava desde seu trabalho psiquiátrico na Argélia e que

---

34. A noção de "complexo colonialista" (*assemble colonialiste*), também traduzida por Muryatan Barbosa como "configuração colonialista", é um eixo estruturante dos ensaios que aqui se apresentam (ver Muryatan S. Barbosa, "A atualidade de Frantz Fanon: acerca da configuração colonialista", in Washington Santos Nascimento; Silvio de Almeida Carvalho Filho (Orgs.). *Intelectuais das Áfricas*. Rio de Janeiro: Pontes, 2018, v. 1, p. 443). Como discuto em *A disputa em torno de Frantz Fanon*, o sociometabolismo daí decorrente é atravessado pela interdição do reconhecimento da humanidade do colonizado, fundamentando uma violência total que retira o colonizado do reino da política e do direito.

Prefácio à edição brasileira

no seio do complexo colonial seria, ele sustenta, não uma aberração ao direito liberal, como se poderia supor nos centros capitalistas, e sim a regra imposta àqueles que nem sequer são considerados humanos, mas uma ameaça às definições coloniais de humano. Diz ele:

> As práticas verdadeiramente monstruosas que surgiram desde 1º de novembro de 1954 surpreendem principalmente por terem se generalizado... Na verdade, a atitude das tropas francesas na Argélia se situa numa estrutura de dominação policial, racismo sistemático e desumanização realizada de maneira racional. A tortura é inerente ao todo da estrutura colonialista.

A grande hipótese levantada por Barbosa é que a noção fanoniana de *configuração*, ou *complexo*, expõe que o colonialismo — enquanto dominação econômica e político-administrativa de um país sobre outro — é apenas uma das formas possíveis da configuração colonialista, antecipando assim o conceito de *colonialidade*, proposto décadas depois por Aníbal Quijano.[35] Essa configuração, argumenta Barbosa, poderia sobreviver inclusive ao fim formal do colonialismo, caso as lutas de independência não o superassem em sua totalidade, como complexo de complexos.[36] Nas palavras de Fanon:

---

35. Aníbal Quijano. "A colonialidade do saber: eurocentrismo e ciências sociais", *Perspectivas latino-americanas*. Clacso, Consejo Latinoamericano de Ciencias Sociales, 2005. Disponível em: <http://bibliotecavirtual. clacso.org.ar/clacso/sur-sur/20100624103322/12_Quijano.pdf>, acesso em: 15 dez. 2020.
36. Muryatan S. Barbosa. Op. cit.

A Revolução Argelina, ao se propor à libertação do território nacional, visa não apenas à morte desse todo, mas à elaboração de uma nova sociedade. A independência da Argélia não é somente o fim do colonialismo, mas o fim, nessa parte do mundo, de um germe de gangrena e de uma fonte de epidemia.

A libertação do território nacional argelino é uma derrota para o racismo e a exploração do homem; ela inaugura o reinado incondicional da justiça.

O segundo tema digno de nota no período de atuação junto ao *El Moudjahid* é a crítica fanoniana à esquerda francesa, que para ele acabava reproduzindo uma postura colonial quando subestimava a extensão e abrangência do colonialismo e do racismo na dinâmica da luta de classes.[37] Como argumentava, "todo francês na Argélia", independentemente de sua orientação ideológica, mantinha "com o argelino relações baseadas na força", e o silêncio ou a displicência em relação ao caráter estrutural do colonialismo contribuiria para a manutenção de um pacto colonial. Em outros momentos, as organizações progressistas francesas reconheciam a legitimidade da luta de libertação mas condicionavam o seu apoio político ou logístico a barganhas de todo tipo, ou se limitavam a condenar moralmente os casos mais visíveis de violência empreendidos pelo colonizador, sem criticar o colonialismo em seu conjunto.[38]

---

37. Não se trata aqui, como seria possível imaginar, de opor classe e nação em um sentido estritamente nacionalista — aliás, vale dizer, todos os escritos de Fanon a partir de 1956 evidenciam suas preocupações com os perigos representados pelo nacionalismo.

38. Ver em especial os artigos "A Argélia diante dos torturadores franceses" e "Os intelectuais e democratas franceses diante da Revolução Argelina".

Prefácio à edição brasileira

Para Fanon, ao desconsiderar a dimensão sistêmica do colonialismo e do racismo, a esquerda francesa oferecia uma análise incompleta e ineficiente tanto da situação concreta das sociedades em que o capitalismo se estruturou a partir da colonização, quanto da luta de classes nos centros capitalistas em que democracia e cidadania foram viabilizadas pela negação da humanidade e do direito nas colônias. Chama a atenção, no entanto, que a sua crítica não é, em absoluto, o chamado à ruptura com esse bloco político, e nem a defesa de uma terceira via,[39] mas sim uma crítica à esquerda, da qual exige uma postura coerente com a sua tarefa histórica, a saber: a defesa irrestrita e sem reservas da autonomia dos povos e, sobretudo, a mobilização anticapitalista das massas trabalhadoras nas metrópoles. Para ele, ambas as estratégias se fortaleceriam reciprocamente caso fossem levadas às últimas consequências no sentido da emancipação humana, abrindo a possibilidade para uma solidariedade internacional, como demonstra a conclusão do artigo "Os intelectuais e democratas franceses diante da Revolução Argelina": "A FLN saúda os franceses que tiveram a coragem de recusar pegar em armas contra o povo argelino e que ora se encontram presos".

O terceiro tema que vale ser destacado em relação ao referido jornal é a relação entre a Revolução Argelina e os proces-

---

39. Mesmo o chamado "neutralismo" do "terceiro bloco", defendido por Fanon neste livro em "Principais verdades a respeito do problema colonial" não representa uma ruptura com a esquerda, mas a busca, na esteira dos movimentos de Bandung, pela autonomia política dos países do chamado Terceiro Mundo. Essa autonomia, no entanto, era uma autonomia voltada à socialização dos meios e do controle de produção nos países em luta e, sobretudo, pautada na possibilidade de alianças com todos os explorados do mundo, inclusive nas metrópoles.

sos anticoloniais então em curso na chamada África Negra, o pan-africanismo. Observa-se que neste assunto Fanon segue o caminho aberto por Kwame N'Krumah, Patrice Lumumba e Cheikh Anta Diop, ao apontar a necessidade de uma aliança revolucionária anti-imperialista internacional e intercontinental para as lutas anticoloniais. Ao se defrontar com o avanço real das lutas anticoloniais na Ásia e na África, sobretudo as guiadas pelo espírito radical da já mencionada Conferência de Bandung, os governos colonialistas passaram a propor meios pacíficos e controlados de independência, a partir de transições formais que preservassem substancialmente os seus interesses econômicos e políticos nesses territórios. Assim como Kwame N'Krumah,[40] Fanon considerava tal manobra a expressão dissimulada do neo-colonialismo, e, contra ela, advogou junto aos demais movimentos políticos africanos a necessidade de uma saída continental — e intercontinental — revolucionária, de caráter antirracista e anti-imperialista.[41] Especialmente dignos de nota para esse terceiro tema são os artigos "Nas Antilhas, o nascimento de uma nação?" e "O sangue corre nas Antilhas sob dominação francesa", nos quais Fanon comenta criticamente a presença do colonialismo francês e a "ficção das Antilhas Francesas" e, sob a influência do marxista indigenista haitiano Jacques Roumain, insta os antilhanos à edificação de uma confederação caribenha.

Por fim, na parte v, intitulada "Unidade africana", encontram-se as ideias de Fanon para o estabelecimento de alianças políticas e logísticas em benefício da Revolução Argelina e a

---

40. Kwame N'Krumah. *Neocolonialismo, último estágio do imperialismo*. Rio de Janeiro: Civilização Brasileira, 1967.
41. Cf. neste volume os artigos "Perspectivas de um plebiscito na África" e "A Argélia em Acra".

Prefácio à edição brasileira 29

sua homenagem e manifesto de indignação diante do assassinato de Patrice Lumumba. "Essa África que está por vir" apresenta as notas escritas por Fanon durante sua missão em Gana, no verão de 1960, para reconhecimento e instalação de bases militares e rotas logísticas internacionais que alimentassem o processo revolucionário argelino. Essa é uma passagem privilegiada para se compreender as posições de Fanon diante do pan-africanismo de sua época:

> Pôr a África em movimento, colaborar para a sua organização, seu reagrupamento, segundo princípios revolucionários. Participar do movimento ordenado de um continente era, em definitivo, o trabalho que eu tinha escolhido. O primeiro ponto de partida, o primeiro alicerce era representado pela Guiné. Em seguida o Mali, pronto para tudo, ardente e brutal, coerente e singularmente afiado, pronlongava a ponta de lança e abria perspectivas preciosas. A leste, Patrice Lumumba marcava passo. O Congo, que constituía a segunda praia de desembarque das ideias revolucionárias, encontrava-se preso numa inextricável rede de contradições estéreis. Era necessário agora continuar esperando antes de investir eficazmente sobre as cidadelas colonialistas que se chamam Angola, Moçambique, Quênia e União Sul-Africana.

Por outro lado, Fanon era um crítico radical do nacionalismo e das ideias metafísicas de identidade, por vezes adotadas pelas burguesias nacionais africanas em seus processos políticos independentistas. Ele reconhecia que a mobilização ideológica em torno de uma unidade nacional poderia aglutinar diferentes forças sociais, inclusive étnicas, em um projeto local comum. No entanto, defendia que, dadas as características transnacionais do colonialismo — em especial sua ligação congênita com o processo de expansão e mundialização desigual e combinada ao complexo sociometabólico do capital —, a aposta nacionalista deveria transcender a si própria. E, em primeiro lugar, deveria fazer isso em direção a uma unidade maior, de caráter continental, para edificar os Estados Unidos da África; em segundo lugar, deveria ser mediada pelo socialismo, como possibilidade de solidariedade não metafísica, com o "desaparecimento das velhas rivalidades, das tradicionais reivindicações territoriais", para assim superar os limites históricos que essas burguesias imprimiram ao processo revolucionário.

No artigo seguinte, "A morte de Lumumba: poderíamos ter agido de outra forma?", Frantz Fanon lamenta e analisa criticamente a conjuntura que resultou no assassinato do grande líder congolês Patrice Lumumba.[42] Para ele, em um contexto de golpe de Estado neocolonial, a crença de Lumumba nos meios institucionais ocidentais de mediação e resolução de conflito, como a ONU, foi uma fragilidade explorada pelos interesses belgas no país. Ao mesmo tempo, Fanon lastima que as demais nações africanas não tenham enviado apoio militar efetivo ao Congo no momento em que a revolução estava sendo atacada. Para ele, alguns "africanos endossaram a política imperialista no Congo, serviram de intermediários, avalizaram as atividades e os estranhos silêncios da ONU naquele país".

---

42. O leitor atento observará que Lumumba e Fanon não apenas partilhavam das mesmas aspirações políticas, mas também nasceram e morreram nos mesmos anos. Essa "curiosidade astrológica" indica que, muito provavelmente, Fanon já estava doente quando escreveu esse artigo. Lumumba morreu assassinado em janeiro de 1961 e Fanon em dezembro do mesmo ano, acometido por leucemia.

Prefácio à edição brasileira

Por uma revolução africana não é apenas um documento histórico, daqueles que nos auxiliam a compreender um tempo e espaço pregressos. Ao contrário, nos oferece elementos vivos para pensarmos feridas ainda abertas e até mais infeccionadas que naquela época. É verdade que o nosso momento histórico é outro. O fim formal da colonização na maioria dos territórios africanos, a partir das lutas independentistas, não evitou o estabelecimento das mais diversas formas de exploração neocolonial e disputas fratricidas em torno do poder, tão bem alertadas por Fanon neste e em outros trabalhos. O fim trágico de Josie, viúva do autor, no mesmo ano em que caía o simbólico Muro de Berlim, é sintomático de que o sonho de Fanon não se realizou[43] — ainda que nada mais tenha sido como antes, uma vez rasgados os limites apodrecidos da história moderna, elevada então a um novo patamar. No entanto, é preciso reconhecer que, no contexto histórico vivido por ele, os "inimigos" pareciam bem mais visíveis que agora.

Seis décadas após a morte de Fanon, a fase atual de mundialização do capital resultou em uma crise produtiva estrutural em escala global que, em vez de abolir, intensificou e sofisticou as antigas divisões raciais do trabalho. Se é verdade que atualmente a pobreza e a ausência de direitos são marca constituinte

---

43. "Josie Fanon cometeu suicídio em Argel em 13 de julho de 1989, logo após o Dia da Independência da Argélia. Da varanda de seu apartamento no bairro de El Biar, vendo a polícia metralhando os jovens que queimavam carros durante a repressão aos motins de fome da FLN, ela disse à sua amiga Assia Djebar 'Oh Frantz, os colonizados... Está começando de novo!'." Djillali Khellas. "Josie Fanon, épouse de Frantz Fanon, fanm doubout dont on ne parle jamais!'.", *Creoleways*, 2 abr. 2015. Disponível em: <https://creoleways.com/2015/04/02/josie-fanon-epouse-de-frantz-fanon-fanm-doubout--dont-on-ne-parle-jamais/>, acesso em: 15 dez. 2020.

também dos grandes centros capitalistas, há que se reconhecer que os imigrantes oriundos das ex-colônias seguem sendo os grupos mais marginalizados e violentados nesses países. Em consequência, as pressões capitalistas para a flexibilização das fronteiras nacionais, mercados e sistemas de proteção locais, de forma a garantir a livre circulação global de mercadorias, foram acompanhadas pela criação de novas fronteiras e muros nacionais, étnicos e identitários, para controlar a circulação de trabalhadores, especialmente os oriundos dos países mais afetados pelas crises provocadas justo pelos grandes centros capitalistas. Por outro lado, o assombroso desenvolvimento tecnológico, impulsionado pelo desenvolvimento produtivo, criou novas possibilidades de comunicação e interação humana, mas também de distanciamento, fetichização das relações humanas, sobretrabalho e superexploração. No caso das nações africanas, em sua maioria lideradas pelos próprios africanos, a luta por independência política não foi suficiente para garantir soberania econômica diante de um mercado cada vez mais internacionalizado e mediado sob o lastro do euro ou do dólar.

Ao mesmo tempo, a velha luta de classes — a despeito de já ter sido muitas vezes declarada morta — segue no centro de um jogo político e econômico cada vez mais complexo e aparentemente indecifrável. Mas agora é impelida por uma aceleração vertiginosa dos ritmos de trabalho, provocando transformações sociais constantes que nos dão a sensação de um mundo — incluindo relações, certezas e identidades — que está se desmanchando diante dos nossos olhos, antes mesmo de se solidificar. Contexto propício para o apelo a "novas" miragens identitárias, que mesmo em um processo ad infinitum

Prefácio à edição brasileira

de fragmentação, e em aparente oposição entre si, oferecem alguma promessa de segurança. O que o tempo presente tem evidenciado, no entanto, é que a demanda identitária não é exclusividade de grupos excluídos em busca do reconhecimento das suas diferenças historicamente negadas, mas sim, principalmente, elemento da criação de novas fronteiras e barreiras nacionais, raciais e religiosas como forma de viabilizar a gestão da vida e da morte diante da crescente precarização da existência imposta pelo atual estágio de acumulação de capital.

No Brasil, presentemente, negros e negras seguem sendo os mais assassinados e encarcerados, mas, acima de tudo, sobrerrepresentados nos trabalhos mais precários e entre os grupos mais prejudicados pela desregulamentação trabalhista e a perda de direitos sociais. O complexo colonialista resulta na estruturação de uma morte simbólica das pessoas negras que antecede a física, relegando-as a uma subcidadania desumanizadora. Os índices de mortalidade por covid-19 no Brasil, quando filtrados por raça e cor, revelam um perfil racial, de classe e de gênero que explica por que se permitiu, sem grande comoções e choques de consciência, o fim de centenas de milhares de vidas.

Por uma revolução africana é um livro fundamental não apenas pelas respostas historicamente localizadas que apresenta — algumas datadas e outras, nem tanto —, mas sobretudo pelas perguntas que ousou fazer: quais as tarefas e posturas a serem desempenhadas pelos "condenados da nossa terra", mas também pelo conjunto de forças progressistas, diante do atual genocídio e da intensificação da precarização da vida? Quais são as *nossas* armadilhas, mas, sobretudo, as possibilidades históricas de resistência e emancipação? Fanon não pode responder a essa pergunta por nós, mas seus escritos são, sem dúvida, leitura obrigatória a quem se propõe a respondê-las.

DEIVISON FAUSTINO

Deivison Faustino é professor e pesquisador do Programa de Pós-Graduação em Serviço Social e Políticas Sociais da Universidade Federal de São Paulo (Unifesp). Mestre em ciências da saúde pela Faculdade de Medicina do ABC e doutor em sociologia pela Universidade Federal de São Carlos, é também pesquisador do Laboratório Psicanálise, Sociedade e Política da USP e do Instituto AMMA Psique e Negritude. Publicou os livros *Frantz Fanon: Um revolucionário particularmente negro* e *A disputa em torno de Frantz Fanon: A teoria e a política dos fanonismos contemporâneos*.

I

A questão do colonizado

1. A "síndrome norte-africana"[1]

É COMUM DIZER QUE o homem está sempre questionando a si mesmo e que se renega quando afirma não estar agindo assim. Ora, parece ser possível descrever uma dimensão primordial de todos os problemas humanos. Ou, mais precisamente, que todos os problemas que se apresentam ao homem acerca do próprio homem podem conduzir à seguinte pergunta: "Será que eu, em função de minhas ações ou abstenções, contribuí para a desvalorização da realidade humana?".

Uma pergunta que também poderia ser formulada assim: "Será que eu tenho, em todas as circunstâncias, reclamado, exigido o homem que existe em mim?".

Quero mostrar nestas linhas que, no caso particular do norte-africano que emigrou para a França, uma teoria da inumanidade pode encontrar suas leis e seus corolários.

Todos esses homens que têm fome, todos esses homens que têm frio, todos esses homens que têm medo...

Todos esses homens que nos causam medo, que esmagam a joia mais preciosa de nossos sonhos, que perturbam a frágil curva de nossos sorrisos, todos esses homens diante de nós que não nos perguntam nada, mas aos quais fazemos perguntas estranhas.

Quem são eles?

Eu pergunto a você, eu pergunto a mim mesmo: quem são essas criaturas famintas de humanidade que se apoiam contra as fronteiras impalpáveis (mas, como sei por experiência própria, terrivelmente nítidas) do reconhecimento integral?

Quem são, na verdade, essas criaturas que se dissimulam, que são dissimuladas pela verdade social sob os atributos de "cabrito", "*bounioules*", "árabe", "ratinho", "*sidi*", "*mon z'ami*"?*

TESE I — *O comportamento do norte-africano frequentemente provoca, da parte do pessoal médico, uma atitude de desconfiança quanto à realidade de sua doença.*

À exceção dos casos de urgência, como oclusão intestinal, ferimentos ou acidentes, o norte-africano mostra-se tomado pela incerteza.

Tem dor na cabeça, na barriga, nas costas, tudo dói. Seu sofrimento é atroz, seu semblante é eloquente, é um sofrimento que se impõe.

— O que há, meu amigo?

— Vou morrer, doutor.

A voz é baixíssima, imperceptível.

— Onde é que dói?

— Dói tudo, doutor.

Acima de tudo, não exijam nenhuma precisão, pois não vão obtê-la. Por exemplo, nos males de origem ulcerosa, é

---

* Termos pejorativos utilizados na França para se referir aos árabes em geral. "Cabrito" (*bicot*) designa um árabe magrebino, sobretudo oriundo da Argélia; "*bounioule*", corruptela de "*bougnoule*", é uma injúria racista utilizada pelos brancos de origem francesa do Senegal para se referir à população negra originária; "*sidi*" é um termo antigo e pejorativo para designar um árabe da África do Norte; "*mon z'ami*" (em vez de "*mon ami*", meu amigo) é uma expressão usada para zombar de um locutor árabe ou africano que não domina nem o francês, nem sua pronúncia correta. (N. T.)

A "síndrome norte-africana"

fundamental saber o horário em que as dores ocorrem. Mas, para o norte-africano, essa conformidade com as categorias do tempo parece hostil. Não se trata de incompreensão, pois muitas vezes ele se faz acompanhar de um intérprete. Poderíamos dizer que lhe custa voltar para onde ele já não está. O passado lhe é extremamente dolorido. O que ele espera é nunca mais sofrer, nunca mais se ver frente a frente com o passado. Essa dor presente, que faz os músculos de seu rosto se retesarem, já basta. Ele não compreende que queiramos lhe impor, mesmo que através de uma lembrança, a dor que não existe mais. E não entende por que o médico lhe faz tantas perguntas.

— Onde está doendo?

— Na barriga. (Ele mostra então o tórax e o abdômen.)

— Em que momentos?

— O tempo todo.

— Até de noite?

— Principalmente à noite.

— Você sente mais dor de noite do que de dia, então?

— Não, é o tempo todo.

— Mas mais de noite que de dia?

— Não, é o tempo todo.

— E onde dói mais?

— Aqui. (Ele mostra então o tórax e o abdômen.)

É assim; lá fora os doentes esperam e, pior, tem-se a impressão de que nada vai melhorar com o passar do tempo. Parte-se, então, de um diagnóstico de probabilidades e se propõe, correlativamente, uma terapia aproximativa.

— Siga este tratamento durante um mês. Se não melhorar, me procure outra vez.

Assim, há dois caminhos:

1. O paciente não melhora de imediato e retorna para outra consulta depois de três ou quatro dias. Esse procedimento nos volta contra ele, pois sabemos que há um tempo mínimo para que o remédio prescrito faça efeito.

Nós fazemos com que o paciente compreenda isso; para ser mais exato: nós lhe dizemos isso. Mas nosso doente não entendeu. Ele *é* a própria dor e se recusa a entender qualquer linguagem, e logo chega à seguinte conclusão:

— É porque eu sou árabe que não me tratam como aos outros.

2. O paciente não melhora imediatamente, mas não volta à mesma clínica nem ao mesmo médico.

Procura outro lugar. Parte do princípio de que, para obter satisfação, é preciso bater em todas as portas, então ele bate. Bate com obstinação. Com doçura. Com ingenuidade. Com raiva.

Ele bate. Abrem a porta. Sempre abrem a porta. E ele expõe *sua dor*. Que é cada vez mais sua. Agora ele fala dela com loquacidade. Ele a agarra no espaço e a expõe ao médico. Ele a toma em mãos, toca-a com todos os dedos, ele a desenvolve e a expõe. Ela cresce a olhos vistos. Ele a aperta por toda a superfície de seu corpo e após quinze minutos de explicações gestuais o intérprete (confuso, como seria de esperar) nos traduz: ele diz que tem dor de barriga.

Todas essas gesticulações no espaço, esses espasmos da face, esses olhos arregalados só pretendiam exprimir uma vaga dor. Sentimos uma espécie de frustração em termos de explicação. A comédia, ou o drama, recomeça: diagnóstico e terapia aproximativos.

Não há por que esse processo chegar ao fim. Um dia, vamos fazer uma radiografia que vai mostrar uma úlcera ou gastrite.

A *"síndrome norte-africana"* 41

Ou que, mais provavelmente, não vai mostrar coisa alguma. Será dito que sua dor é "funcional".

Essa noção é importante e merece nossa atenção. Diz-se que uma coisa é vaga quando lhe falta consistência, realidade objetiva. A dor do norte-africano, para a qual não encontramos uma base lesional, é considerada inconsistente, irreal. Ora, o norte-africano *é* aquele que não gosta de trabalhar. Então tudo o que fizer será interpretado a partir dessa premissa.

Um norte-africano procura uma clínica por lassidão, astenia, fraqueza. Nós receitamos um tratamento ativo à base de revigorantes. Ao final de vinte dias, decidimos dar-lhe alta. Ele descobre então que tem outra doença.

— É o coração tremendo lá dentro.

— É a cabeça estourando.

Diante desse medo que ele tem de sair, chegamos a imaginar se a fraqueza de que ele foi tratado não corresponderia a alguma vertigem. Chegamos a nos perguntar se esse doente que jamais compreendemos muito bem não nos fez de idiotas. A suspeita aparece. De agora em diante, vamos desconfiar dos sintomas descritos.

A coisa é evidente no inverno; certas clínicas são literalmente inundadas de norte-africanos quando faz muito frio. Um quarto de hospital é tão confortável.

Numa clínica, um médico repreendia um europeu que sofria de dores ciáticas e circulava o dia todo pelas salas. Ele explicava que o repouso, nesse caso particular, representava metade do tratamento. Já com os norte-africanos, ele acrescentou, o problema é diferente: não é preciso recomendar o repouso, eles estão sempre de cama.

Perante essa dor sem lesão, essa doença que se espalha por todo o corpo, esse sofrimento contínuo, a atitude mais fácil, à qual somos conduzidos com certa rapidez, é a negação de qualquer morbidade. No limite, o norte-africano é um simulador, um mentiroso, um preguiçoso, um vadio, um indolente, um ladrão.[2]

TESE II — *A atitude do corpo médico é frequentemente apriorística. O norte-africano não chega com uma natureza típica de sua raça, mas com um substrato construído pelo europeu. Dizendo de outra forma, o norte-africano, espontaneamente, pelo simples fato de estar ali, ingressa num quadro preexistente.*

De uns anos para cá, tem se manifestado uma orientação médica que poderíamos prontamente chamar de neo-hipocratismo. De acordo com essa tendência, os médicos, diante do doente, preocupam-se menos em realizar um diagnóstico orgânico do que um diagnóstico funcional. Mas essa corrente de ideias ainda não se impôs nas cátedras onde a patologia é ensinada. Há um vício de construção no pensamento do clínico. Um vício extremamente perigoso.

Examinemos os fatos.

Sou chamado para uma consulta de emergência por um doente. São duas horas da manhã. O quarto está sujo, o doente também. Seus pais estão sujos. Todo mundo chora. Todo mundo grita. Há uma estranha impressão de que a morte não está longe. O jovem médico expulsa de sua alma toda derrota. Ele se inclina "objetivamente" sobre aquele ventre que tem toda a aparência de requerer uma cirurgia.

Ele toca, apalpa, sacode, interroga, mas obtém apenas gemidos. Ele volta a apalpar, sacode mais uma vez, e o ventre se contrai, se defende... Ele "não vê nada". Mas e se for realmente

A "síndrome norte-africana"

um caso cirúrgico? Se estiver deixando passar alguma coisa? Seu exame não apontou nada, mas ele não se atreve a ir embora. Depois de muita hesitação, ele enviará seu doente a um centro médico com o diagnóstico de "crise abdominal aguda". Três dias depois, vê o portador da "crise abdominal" chegar sorridente ao seu consultório, totalmente curado. O doente ignora que existe um pensamento médico rigoroso e que ele o desprezou por completo.

O pensamento médico vai do sintoma à lesão. Nas assembleias ilustres, nos congressos internacionais de medicina, há um consenso sobre a importância dos sistemas neurovegetativos, do diencéfalo, das glândulas endócrinas, das relações psicossomáticas e das simpatalgias, mas continua-se ensinando aos médicos que todo sintoma demanda uma lesão. O doente é aquele que, queixando-se de cefaleias, zumbidos no ouvido, vertigens, vai apresentar ao mesmo tempo uma hipertensão arterial. Entretanto, se diante desses mesmos sintomas não se encontra nem hipertensão, nem um tumor intracraniano (de todo modo, nada de positivo), o profissional perceberá uma falha no pensamento médico; e como todo pensamento se refere necessariamente a alguma coisa, ele verá uma falha no *paciente* — um paciente indócil, indisciplinado, que ignora a regra do jogo. Especialmente essa regra, sabidamente rigorosa, que assim se enuncia: todo sintoma pressupõe uma lesão.

Que devo fazer com esse doente? Da clínica à qual o enviei para uma provável intervenção cirúrgica ele retorna com o diagnóstico de "síndrome norte-africana". E é verdade que o jovem médico de primeira viagem entrará em contato com Molière através dos norte-africanos de sua clínica. Doente imaginário! Se Molière (vou dizer uma idiotice, mas todas es-

44   *A questão do colonizado*

sas linhas nada mais fazem que explicitar uma idiotice ainda
maior), se Molière tivesse tido o privilégio de viver no século
xx, certamente não teria escrito *O doente imaginário*, pois ninguém duvida de que Argan esteja doente. Doente de verdade:
"Como, perversa! Se estou doente! Se estou doente, inso-
lente!"

Síndrome norte-africana. Hoje em dia, o norte-africano que
se apresenta para uma consulta carrega consigo o peso morto
de todos os seus compatriotas. Todos aqueles que só tinham
sintomas, a respeito de quem se dizia: "Não há nada concreto".
(Entenda-se: nenhuma lesão.) Mas o doente que está ali na minha frente, esse corpo que sou forçado a imaginar como dono
de uma consciência, esse corpo que não é mais totalmente
um corpo, ou que o é duplamente, já que está atordoado pelo
pavor — esse corpo que exige que eu o ouça, mesmo sem me
deter no que diz — vai provocar em mim uma revolta.

— Onde está doendo?

— No estômago. (E ele mostra o fígado.)

Eu me irrito. Digo que o estômago fica à esquerda, e o que
ele está mostrando é o lugar do fígado. Ele não se desconcerta
e percorre com a palma da mão essa barriga misteriosa.

— Isso tudo está doendo.

Eu sei que dentro "disso tudo" existem três órgãos; a rigor,
cinco ou seis. Que cada órgão tem *a sua própria* patologia. Essa
inventada pelo árabe não nos interessa. É uma pseudopatolo-
gia. E o árabe é um pseudodoente.

Todo árabe é um doente imaginário. O jovem médico ou
estudante que nunca viu um árabe doente *sabe* (cf. a velha
tradição da medicina) que "esses tipos são uns farsantes". Há
algo que poderia provocar uma reflexão. Diante de um árabe,

A "*síndrome norte-africana*" 45

o estudante ou médico tende a empregar a segunda pessoa do singular.* É por gentileza, diriam... para deixá-los à vontade... eles estão acostumados... Peço desculpas, mas me sinto incapaz de analisar esse fenômeno sem abandonar a atitude objetiva que me imponho.

É mais forte do que eu, diz-me um interno, não posso abordá-los da mesma forma que aos outros doentes.

Ah, sim! É mais forte do que eu. Se vocês soubessem o que na minha vida é mais forte do que eu. Se soubessem o que na minha vida me persegue nas horas em que os outros entorpecem os seus cérebros. Se soubessem... mas nunca saberão.

O corpo médico descobre a existência de uma síndrome norte-africana. Não de forma experimental, mas segundo uma tradição oral. O norte-africano toma o seu lugar nessa síndrome assintomática e automaticamente se situa num plano de indisciplina (cf. a disciplina médica), de inconsequência (em relação à lei: todo sintoma pressupõe uma lesão), de insinceridade (ele diz que está sofrendo quando sabemos que não existe uma *razão* para esse sofrimento). Existe aí uma ideia móvel situada no limite da má-fé, que emerge quando o árabe se revela por meio de sua linguagem:

— Doutor, eu vou morrer.

Essa ideia, após percorrer algumas sinuosidades, vai se impor; ela vai se impor a mim.

Decididamente, esses tipos não são pessoas sérias.

---

* O *tu*, em francês, é uma forma de tratamento mais informal; o termo formal, que seria normalmente utilizado numa relação médico-paciente, é *vous*, vós. (N. T.)

46   *A questão do colonizado*

TESE III — *As melhores intenções devem ser esclarecidas. Da necessidade de fazer um diagnóstico da situação.*

O dr. Stern, num artigo sobre a medicina psicossomática, retomando os trabalhos de Heinrich Meng, escreveu:

> Não basta apenas descobrir qual é o órgão atingido, qual a natureza das lesões orgânicas, se elas existem, e que micróbio invadiu o organismo; não basta conhecer a "constituição somática" do doente. É preciso tentar conhecer o que Meng chama de "situação", ou seja, suas relações com o seu ambiente, suas ocupações e preocupações, sua sexualidade, sua tensão interior, seu sentimento de segurança ou insegurança, os perigos que o ameaçam; e acrescentar sua evolução, a história de sua vida. É preciso fazer um "diagnóstico da situação".[3]

O dr. Stern nos propõe um plano magnífico, e nós o seguiremos.

1. *Relações com as pessoas próximas.* É realmente preciso falar dessas relações? Não é um tanto risível falar das relações do norte-africano com seu círculo de pessoas próximas na França? Será que ele tem relações? Será que tem um círculo íntimo? Ele não é sozinho? Eles não são sozinhos? Não nos parecem absurdos, ou seja, sem sentido, nos trens ou bondes? De onde eles vêm? Para onde vão? De vez em quando os percebemos trabalhando num prédio, mas não os *vemos*, nós apenas os percebemos, os vislumbramos. Círculo íntimo? Relações? Não há contatos, apenas choques. Sabe-se que a palavra "contato" encerra o que é gentil e educado! Será que há contatos? Relações?

A *"síndrome norte-africana"*

2. *Ocupações e preocupações.* Ele trabalha, está ocupado, ele se ocupa, nós o ocupamos. Suas preocupações? Creio que essa palavra não existe na língua deles. Preocupar-se com quê? Na França se diz: ele se preocupa em procurar um trabalho; na África do Norte: ele se ocupa procurando trabalho.

— Com licença, senhora, a seu ver, quais são as preocupações do norte-africano?

3. *Sexualidade.* Eu compreendo, ela é feita de violação. Para mostrar até que ponto um estudo reducionista pode ser prejudicial à revelação autêntica de um fenômeno, gostaria de reproduzir algumas linhas de uma tese de doutorado em medicina defendida em Lyon, em 1951, pelo dr. Léon Mugniery:

> Na região de Saint-Étienne, oito em cada dez se casaram com prostitutas. A maior parte dos demais vive em relações acidentais e de curta duração, por vezes maritalmente. Muitas vezes abrigam por alguns dias uma ou mais prostitutas às quais apresentam seus amigos. *Pois a prostituição parece desempenhar um papel importante no meio norte-africano*[4] [...] ela decorre do forte apetite sexual que é o apanágio desses meridionais de sangue quente.

E mais adiante:

> Sem dúvida podemos fazer numerosas objeções e mostrar por múltiplos exemplos que as tentativas realizadas com o objetivo de abrigar convenientemente os norte-africanos também constituem fracassos.
>
> Trata-se, na maior parte, de homens jovens (25 a 35 anos) com grandes necessidades sexuais, que os laços de um casamento

misto não conseguem satisfazer senão temporariamente, para os quais a homossexualidade é uma tendência desastrosa...

Há poucas soluções para esse problema: ou se tenta, apesar dos *riscos*[5] que implica uma certa invasão pela família árabe, favorecer o reagrupamento dessa família na França fazendo virem para cá moças e mulheres árabes, ou é preciso aceitar que existam para eles casas de tolerância...

Se não quisermos levar em conta esses fatores, correremos o risco de nos expormos cada vez mais às tentativas de estupro das quais os jornais nos dão exemplos frequentes. A moral pública tem, sem dúvida, mais motivos para temer a existência desses fatos do que a presença das casas de tolerância.

E, para terminar, o dr. Mugniery denuncia o erro do governo francês escrevendo em sua tese, com letras maiúsculas, a seguinte frase:

A OUTORGA DA CIDADANIA FRANCESA, CONFERINDO IGUALDADE DE DIREITOS, PARECE TER SIDO MUITO PRECOCE, BASEADA EM RAZÕES SENTIMENTAIS E POLÍTICAS, MAIS DO QUE NA EVOLUÇÃO SOCIAL E INTELECTUAL DE UMA RAÇA DE CIVILIZAÇÃO ÀS VEZES REFINADA, PORÉM COM UM COMPORTAMENTO SOCIAL, FAMILIAR E SANITÁRIO AINDA PRIMITIVO.

Seria necessário acrescentar alguma coisa? Retomar uma a uma essas frases absurdas? Lembrar ao dr. Mugniery que, se os norte-africanos que moram na França se contentam com prostitutas, é porque, em primeiro lugar, eles as encontram e, além disso, eles não encontram mulheres árabes (que poderiam invadir a nação)?

A *"síndrome norte-africana"* 49

4. *Sua tensão interior.* Algum fundamento nisso? O mesmo que falar da tensão interior de uma pedra. Tensão interior! Que piada!

5. *Seu sentimento de segurança ou insegurança.* O primeiro termo deve ser eliminado. O norte-africano se encontra em perpétua insegurança. Uma insegurança plurissegmentar.

Por vezes me pergunto se não seria bom explicar a um francês médio a desgraça que é ser um norte-africano. Um norte-africano nunca está seguro. Ele tem direitos, me diriam vocês, mas ele não os conhece. Ah! Ah! Ele só precisa conhecê-los. O conhecimento. Ah, sim! Vamos retomar nossa consciência. Direitos, Deveres, Cidadania, Igualdade, que coisas bonitas! O norte-africano no seio da nação francesa — que é, como nos dizem, a sua própria — vive no domínio político, no plano cívico, um imbróglio que ninguém deseja enfrentar. Que relação tem isso com o norte-africano num ambiente hospitalar? Justamente, há uma relação.

6. *Os perigos que o ameaçam.*

Ameaçado em sua afetividade,

Ameaçado em sua atividade social,

Ameaçado em sua cidadania,

o norte-africano reúne todas as condições que fazem um homem adoecer.

Sem família, sem amor, sem relações humanas, sem comunhão com a coletividade, o primeiro encontro consigo mesmo se dará de modo neurótico, patológico. Ele vai sentir-se esgotado, sem vida, num corpo a corpo com a morte, uma morte aquém da morte, uma morte em vida, e o que pode haver de mais patético do que um homem musculoso dizendo com uma voz verdadeiramente debilitada: "Doutor, eu vou morrer"?

7. *Sua evolução e a história de sua vida.* Ou melhor, a história de sua morte. Uma morte cotidiana.

Uma morte no bonde,

uma morte durante a consulta,

uma morte com as prostitutas,

uma morte no canteiro de obras,

uma morte no cinema,

uma morte múltipla nos jornais,

uma morte no medo que as pessoas de bem sentem de saírem após a meia-noite.

Uma morte,

sim, uma MORTE.

Tudo isso é muito bonito, nos dirão, mas que solução você propõe?

Você os reconhece, eles são vagos, amorfos...

"É preciso ficar em cima deles."

"É preciso expulsá-los do hospital."

"Se os ouvirmos, vamos prolongar indefinidamente a convalescença."

"Eles não sabem se explicar."

E são mentirosos

e além disso são ladrões (sim, "ladrão como um árabe")

e além do mais, e além do mais, e além do mais

o árabe é um ladrão

todos os árabes são ladrões.

A "síndrome norte-africana"

É uma raça preguiçosa
suja
repugnante
Não se pode fazer nada a respeito
nada se consegue deles
com certeza, é duro para eles serem assim
serem desse jeito
mas, enfim, admita que a culpa não é nossa.

— Exatamente o contrário: a culpa é nossa.

Exatamente, a culpa é SUA.

Como? Os homens vão e vêm ao longo de um corredor que você construiu para eles, onde você não colocou nenhum banco em que pudessem repousar, onde você cristalizou espantalhos que os esbofeteiam acintosamente, onde eles se ferem no rosto, no peito, no coração.

Onde eles não encontram um lugar
onde você não lhes deixa um lugar
onde não existe absolutamente nenhum lugar para eles
e você ousa me dizer que isso não lhe diz respeito!

Que não é culpa sua!

Como? Esse homem que você objetifica ao chamá-lo sistematicamente de Mohammed, que você reconstrói, ou melhor, que dissolve, a partir de uma ideia, uma ideia que você sabe ser repugnante (você sabe muito bem, você lhes rouba qualquer coisa, essa qualquer coisa pela qual, não faz muito tempo, você estava pronto a abandonar tudo, até a vida), pois bem! *Esse homem*, você não tem a impressão de estar esvaziando-o de sua substância?

Basta eles ficarem em sua terra!

Pois bem! Eis o drama: basta eles ficarem em sua terra. Só que lhes foi dito que eles eram franceses. Eles o aprenderam na escola. Na rua. Nas casernas (onde seus pés estavam calçados). Nos campos de batalha. Em cada parte de seus corpos e "alma" onde houvesse lugar para qualquer coisa aparentemente grande, a França lhes foi introduzida.

Agora, nós lhes repetimos em todos os tons que eles estão entre "nós", na "nossa" terra. Que, se não estiverem contentes, só lhes resta voltar para a sua *kasbah*. Mas também lá há um problema.

Quaisquer que sejam as vicissitudes que encontrem na França, afirmam alguns, o norte-africano será mais feliz em sua própria casa...

Verificou-se na Inglaterra que crianças maravilhosamente alimentadas, cada qual com duas babás inteiramente a seu dispor, mas vivendo fora do ambiente familiar, apresentavam uma morbidez duas vezes maior do que aquelas menos bem alimentadas mas que viviam com os pais. Sem ir tão longe, pensemos em todos os que levam uma vida sem futuro em seu país e recusam boas situações no estrangeiro. De que serve uma boa situação se ela não nos conduz a um meio familiar ou parental, quando não permite que o "ambiente" floresça?

A ciência psicanalítica vê na expatriação um fenômeno doentio. No que ela tem toda a razão.

Estas considerações nos permitem concluir que:

1. O norte-africano nunca será mais feliz na Europa do que em sua própria terra, pois lhe é exigido que viva sem a própria substância de sua afetividade. Afastado de suas origens e de

A *"síndrome norte-africana"* 53

seus objetivos, ele é uma coisa lançada num grande alvoroço, curvado pela lei da inércia.

2. Há nessa afirmação uma má-fé evidente e abjeta. Se o padrão de vida (?) posto à disposição do norte-africano na França é superior àquele a que estava habituado em sua terra, isso significa que há muito a ser feito em seu país, essa "outra parte da França".

Que há prédios a construir, escolas a inaugurar, estradas a traçar, casebres a demolir, cidades a erguer da terra, homens e mulheres, crianças e mais crianças a cobrir de sorrisos.

Isso significa que lá há trabalho, trabalho humano, ou seja, trabalho que tem a significação de um lar. Não a de um quarto ou de uma caserna. Isso quer dizer que por todo o território da nação francesa (metrópole e União Francesa) existem lágrimas a secar, atitudes desumanas a combater, preconceitos e insultos a eliminar, homens a humanizar, novas rue Moncey[6] a abrir à circulação.

Sua solução, senhor?

Não me faça perder a paciência. Não me obrigue a lhe dizer o que o senhor deveria saber. Se *você* não conclama o homem que tem diante de si, como pode pretender que eu imagine que conclama o homem que está em você?

Se rejeita o homem que tem diante de si, como posso acreditar no homem que pode estar em você?

Se *você* não exige do homem que está em *você*, não o sacrifica para que o homem que está nesta terra seja mais do que apenas um corpo, mais que um Mohammed, por meio de que milagre poderei ter certeza de que você também é digno do meu amor?

2. Antilhanos e africanos[7]

HÁ DOIS ANOS, eu concluía uma obra[8] sobre o problema do homem de cor no mundo branco. Sabia que não deveria em hipótese nenhuma suavizar a realidade. Tampouco ignorava que no próprio seio dessa entidade denominada o "povo negro" era possível distinguir movimentos infelizmente bastante medonhos. Quero dizer, por exemplo, que com frequência o inimigo do negro não é o branco, mas seu congênere. Por isso, eu assinalava a possibilidade de um estudo que contribuísse para a dissolução dos complexos afetivos capazes de opor antilhanos e africanos.

ANTES DE ENTRAR NO DEBATE, gostaríamos de assinalar que essa história de preto [*nègre*]* é uma história suja. Uma história que vai lhe embrulhar o estômago. Uma história diante da qual se fica totalmente desarmado caso se aceitem as premis-

---

* Em diferentes contextos sociais e históricos, os termos raciais *noir* e *nègre*, em francês, e "negro" e "preto", em português, carregam e indicam sentidos distintos que podem variar do discurso racista e pejorativo ao registro de dimensão positiva reivindicado muitas vezes pelos movimentos identitários. Dessa forma, e considerando que o próprio Fanon por diversas vezes usa as duas palavras de maneira indistinta, optamos por privilegiar aqui a forma "negro" como padrão, exceto nos casos específicos em que se fez necessário assinalar essa distinção, usando então "preto" para explicitar e contrapor sentidos pejorativo e positivo numa mesma passagem. (N. T.)

Antilhanos e africanos

sas dos patifes. E quando digo que a expressão "povo negro" é uma entidade, estou indicando desse modo que, excluídas as influências culturais, não resta mais nada. Há tanta diferença entre um antilhano e um dacarense quanto entre um brasileiro e um madrilenho. O que se tenta fazer ao englobar todos os negros sob o termo "povo negro" é arrancar deles qualquer possibilidade de expressão individual. O que se tenta, com isso, é lhes impor a obrigação de corresponder à ideia que se faz deles. O que seria o "povo branco"? Não se percebe, assim, que só pode haver uma raça branca? Será que preciso explicar a diferença entre nação, povo, pátria, comunidade? Quando se diz "povo negro", presume-se sistematicamente que todos os negros estejam de acordo sobre certas coisas, que haja entre eles um princípio de comunhão. A verdade é que não existe nada, a priori, que nos faça supor a existência de um povo negro. Que haja um povo africano,[9] nisso eu creio; que haja um povo antilhano, eu acredito. Mas quando me falam sobre "esse povo negro", eu me esforço por compreender. Infelizmente, porém, existe aí uma fonte de conflitos. Então eu tento destruir essa fonte.

Serei visto empregando termos como culpabilidade metafísica ou falta de pureza. Vou pedir ao leitor que não se espante: serão os termos exatos, compreendendo-se que o que é importante não pode ser atingido, ou mais precisamente o que é importante não é de fato buscado, e então é no contingente que se foca. Essa é uma das leis da recriminação e da má-fé. O que se faz urgente é recuperar o importante sob o contingente.

Do que se trata aqui? Eu digo que em quinze anos se produziu uma revolução nas relações entre antilhanos e africanos. Quero mostrar em que consiste isso.

Na Martinica, é raro constatar posições raciais arraigadas. O problema racial é encoberto por uma discriminação econômica e, numa determinada classe social, ele é principalmente uma fonte para anedotas. As relações não são alteradas por ênfases epidérmicas. A despeito de uma menor ou maior carga de melanina, existe um acordo tácito que permite a uns e a outros se reconhecerem como médicos, comerciantes, operários. Um operário negro estará do lado de um operário mulato contra o negro burguês. Temos aqui a prova de que as histórias raciais não passam de uma superestrutura, uma cobertura, uma surda emanação ideológica revestindo uma realidade econômica.

Lá, quando se observa que um indivíduo é mesmo muito negro, isso é feito sem desprezo, sem ódio. É preciso estar habituado ao chamado espírito martinicano para entender o que se passa. Jankélévitch mostrou que a ironia era uma das formas da boa consciência. É certo que nas Antilhas a ironia é um mecanismo de defesa contra a neurose. Um antilhano, especialmente um intelectual que não esteja mais no plano da ironia, descobre sua negritude. Assim, enquanto na Europa a ironia protege da angústia existencial, na Martinica ela protege da tomada de consciência da negritude. A missão consiste em deslocar o problema, pondo o contingente em seu lugar e deixando ao martinicano a escolha dos valores supremos. Percebe-se tudo que poderia ser dito ao enxergar essa situação a partir dos estágios kierkegaardianos. Também se percebe que um estudo da ironia nas Antilhas é fundamental para a sociologia dessa região. Lá, quase sempre a agressividade é recoberta de ironia.[10]

Para facilitar nossa exposição, parece-nos interessante distinguir dois períodos na história antilhana: antes e depois da guerra de 1939-45.

Antes da guerra

Antes de 1939, o antilhano se dizia feliz,[11] ou ao menos acreditava nisso. Votava, ia à escola quando podia, seguia as procissões, gostava de rum e dançava a *biguine*. Os que tinham o privilégio de ir à França falavam de Paris, de Paris, enfim, da França. E os que não tinham o privilégio de conhecer Paris se deixavam levar por essas histórias.

Havia também os funcionários trabalhando na África. Por meio deles se via um país de selvagens, de bárbaros, de nativos, de empregados domésticos. É preciso dizer algumas coisas se não quisermos falsear o problema. O funcionário da metrópole, regressando da África, habituou-nos a clichês: bruxos, feiticeiros, tantãs, bonomia, fidelidade, respeito ao branco, atraso. O problema é que o funcionário antilhano não fala da África de outra forma e, como ele não é apenas o administrador das colônias, mas o policial, o agente alfandegário, o escrivão, o militar, em todos os escalões da sociedade antilhana se forma, se sistematiza, se enrijece um irredutível sentimento de superioridade em relação ao africano. Entre todos os antilhanos, antes da guerra de 1939, havia a certeza não apenas de uma superioridade em relação ao africano, mas de uma diferença fundamental. O africano era um preto e o antilhano, um europeu.

Ninguém parece ignorar essas coisas, mas na verdade ninguém as leva em consideração.

Antes de 1939, o antilhano voluntário do exército colonial, fosse analfabeto ou alfabetizado, servia em uma unidade europeia, enquanto o africano, com exceção dos que eram originários dos cinco territórios da Indochina, servia em uma unidade nativa. O resultado para o qual queremos chamar a atenção é que, qualquer que fosse o domínio considerado, o antilhano era superior ao africano, dotado de uma outra essência, assimilado ao metropolitano. Mas, como no exterior ele era um pouquinho africano, já que, francamente, era negro, ele se via obrigado — reação normal numa economia psicológica — a fortalecer suas fronteiras para se proteger de qualquer desprezo.

Seja dito que, não satisfeito em ser superior ao africano, o antilhano o desprezava, e se o branco podia se permitir certas liberdades para com o nativo, o antilhano não, de forma alguma. É que entre brancos e africanos não havia necessidade de ressalva: saltava aos olhos. Mas que drama se um antilhano fosse subitamente tomado por um africano!...

Seja dito também que essa posição dos antilhanos era referendada pela Europa. O antilhano não era um preto, era um antilhano, ou seja, quase da metrópole. Dessa forma, o branco dava razão ao antilhano em seu desprezo pelo africano. Em suma, o preto era o habitante da África.

Na França, antes de 1940, quando se apresentava um antilhano à sociedade bordelesa ou parisiense, sempre se acrescentava: ele é da Martinica. Eu digo Martinica porque — será que nos damos conta disso? — Guadalupe, jamais saberemos a razão, era considerada uma terra de selvagens. Ainda hoje, em 1952, acontece de ouvirmos um martinicano afirmar que eles (os guadalupenses) são mais selvagens do que nós.

O africano é que era, na África, o verdadeiro representante da raça preta. Aliás, quando um patrão exigia um esforço demasiadamente pesado de um martinicano, este lhe respondia: "Se o senhor quer um preto, vá procurar um na África", querendo dizer com isso que os escravos e os trabalhadores

Antilhanos e africanos

braçais deviam ser recrutados em outro lugar. Lá, na terra dos pretos.

Já o africano, inferiorizado, desprezado, com exceção de alguns raros "evoluídos", seguia estagnado no labirinto de sua epiderme. Como se vê, as posições eram claras: de um lado havia o preto, o africano; de outro, o europeu e o antilhano. O antilhano era um negro, mas o preto estava na África.

Em 1939, nenhum antilhano nas Antilhas se declarava preto, nem se reivindicava como tal. Quando o fazia, era sempre em suas relações com um branco. Era o branco, o "branco maldoso", que o obrigava a reivindicar sua cor, mais precisamente a defendê-la. Mas podemos dizer que nas Antilhas, em 1939, jamais surgia uma reivindicação espontânea da negritude.

É então que ocorrem sucessivamente três eventos.

Em primeiro lugar, a chegada de Aimé Césaire.

Pela primeira vez se verá um professor de curso secundário, um homem aparentemente digno, dizer à sociedade antilhana que "é belo e bom ser preto". Isso foi, certamente, um escândalo. À época se disse que ele estava um pouco louco, e seus colegas de carreira se esforçaram para fornecer detalhes de sua suposta doença.

Realmente, o que poderia ser mais grotesco que um homem instruído, um diplomado, ou seja, alguém que sabia muitas coisas, entre elas que "era uma infelicidade ser preto", afirmando que sua pele era bela e que o "grande buraco negro" é uma fonte de verdade? Nem os mulatos nem os pretos compreenderam esse delírio. Os mulatos por terem escapado da noite, os pretos porque aspiravam a sair dela. Dois séculos de verdade branca comprovavam que esse homem estava equivocado. Ele tinha de ser louco, pois não era possível admitir que tivesse razão.

Passada a emoção, tudo pareceu retomar o ritmo anterior... E Césaire voltaria a estar equivocado quando se produziu o segundo evento: quero falar da queda da França.

Com a França derrotada, o antilhano assistiu, de certa maneira, à morte do pai. Essa derrota nacional poderia ter sido vivida como o foi na metrópole, mas boa parte da frota francesa permaneceu bloqueada nas Antilhas durante os quatro anos da ocupação alemã. Aqui, gostaria de chamar a atenção do leitor. Creio ser necessário perceber a importância histórica desses quatro anos.

Antes de 1939, havia cerca de 2 mil europeus na Martinica. Esses europeus tinham funções definidas, estavam integrados à vida social, tinham interesse na economia do país. Ora, de um dia para o outro, somente a cidade de Fort-de-France foi inundada por quase 10 mil europeus de mentalidade evidentemente racista, mas até então latente. Quero dizer que os marinheiros do *Béarn* ou do *Emile-Bertin*, que anteriormente ficavam em Fort-de-France durante oito dias, não tinham tempo para manifestar seus preconceitos raciais. Os quatro anos durante os quais foram obrigados a viver fechados em si mesmos, inativos, tomados de angústia ao pensarem nos familiares que haviam deixado na França, frequentemente vítimas do desespero quanto ao futuro, lhes permitiram tirar sua máscara, na verdade bastante superficial, e se comportassem como "autênticos racistas".

Acrescentemos a isso o forte golpe sofrido pela economia antilhana, pois foi preciso encontrar, também de uma hora para outra, já que nenhuma importação era possível, um modo de alimentar 10 mil homens. Além disso, muitos desses marinheiros e militares conseguiram fazer virem sua mulher e seus filhos, que

Antilhanos e africanos 61

precisavam ser alojados. A Martinica viveu sua crise habitacional após a crise econômica. O martinicano responsabilizou os brancos racistas por tudo isso. Os antilhanos, diante desses homens que os desprezavam, começaram a duvidar de seus valores. O antilhano teve sua primeira experiência metafísica.

E depois veio a França livre. De Gaulle, em Londres, falava de traição, de militares que entregavam a espada antes mesmo de desembainhá-la. Tudo isso contribuiu para convencer os antilhanos de que a França, a sua França, não havia perdido a guerra, e sim que os traidores a tinham vendido. E onde estavam esses traidores, senão escondidos nas Antilhas? E se viu uma coisa extraordinária: antilhanos recusando-se a tirar o chapéu durante a execução da *Marselhesa*. Que antilhano não se lembra dessas tardes de quinta-feira em que, na esplanada de La Savane, patrulhas de marinheiros armados exigiam silêncio e posição de sentido quando se tocava o hino nacional? O que, então, havia acontecido?

Por um processo de fácil compreensão, os antilhanos haviam assimilado a França dos marinheiros à França do mal, e a *Marselhesa* que esses homens respeitavam não era a sua. Não se deve esquecer que esses militares eram racistas. Ora, "ninguém duvida de que o verdadeiro francês não é racista, ou seja, não vê o antilhano como um preto". Se esses o faziam, é porque não eram verdadeiros franceses. Quem sabe não seriam alemães? E, de fato, sistematicamente, o marinheiro foi considerado um alemão. Mas a consequência que nos interessa é a seguinte: perante 10 mil racistas, o antilhano se viu obrigado a se defender. Sem Césaire, isso lhe teria sido muito difícil. Mas Césaire estava lá e com ele se entoava esse cântico antes odioso: que é belo e bom e certo ser preto!...

Durante dois anos o antilhano defendeu tenazmente sua "cor virtuosa" e dançou sem hesitar à beira do abismo. Afinal, se a cor negra é virtuosa, quanto mais negro eu for, mais virtuoso! Saíram então da sombra os muito negros, os "azuis", os puros. E Césaire, cantor fiel, repetia: "quando se pinta de branco o tronco da árvore, as raízes por baixo permanecem negras". Então se tornou realidade que não apenas o negro-cor era valorizado, mas o negro-ficção, o negro-ideal, o negro em absoluto, o negro-primitivo, o preto. O que era isso, senão provocar no antilhano uma reformulação total de seu mundo, uma metamorfose de seu corpo? O que era isso, senão exigir dele uma atividade axiológica invertida, uma valorização do rejeitado?

Mas a história continuava. Em 1943, cansados de um ostracismo ao qual não estavam habituados, irritados, famintos, os antilhanos, antes divididos em grupos sociológicos fechados, romperam todas as barreiras, chegaram a um acordo sobre certas coisas, entre elas que os alemães haviam ultrapassado todos os limites, e arrancaram, com o apoio do exército local, a adesão à França livre. O almirante Robert, "esse outro alemão", cedeu. Aqui se situa o terceiro evento.

Pode-se dizer que as manifestações da Libertação que tiveram lugar nas Antilhas, ou pelo menos na Martinica, durante os meses de julho e agosto de 1943, foram a consequência do nascimento do proletariado. A Martinica sistematizava pela primeira vez sua consciência política. Faz sentido que as eleições subsequentes à Libertação tenham escolhido, a cada três deputados, dois comunistas. Na Martinica, a primeira experiência metafísica, ou, se preferirmos, ontológica, coincidiu com a primeira experiência política. Comte fazia do proletário

Antilhanos e africanos 63

um filósofo sistemático; o proletário martinicano é um preto sistematizado.

Depois da guerra

Assim, portanto, após 1945, o antilhano mudou seus valores. Se antes de 1939 ele tinha os olhos fixos na Europa branca, se para ele o que parecia bom era escapar de sua cor, em 1945 ele se descobre não apenas negro, mas um preto, e é sobre a distante África que ele agora lançará seus pseudópodes. Antes, o antilhano na França lembrava a todo instante que não era um preto: a partir de 1945, o antilhano na França vai lembrar a todo momento que é um preto.

Enquanto isso, o africano seguia o seu caminho. Não estava dilacerado, não tinha sido forçado a se situar simultaneamente em relação ao antilhano e ao europeu: ambos eram colocados no mesmo saco, o saco dos parasitas, dos exploradores, dos patifes. É verdade que houvera Félix Éboué, o qual, apesar de antilhano, tinha falado aos africanos na conferência de Brazzaville dizendo-lhes "Meus caros irmãos". E essa fraternidade não era evangélica, mas baseada na cor. Os africanos tinham adotado Éboué. Ele era um deles. Os outros antilhanos podiam vir, suas pretensões de *toubabs** eram conhecidas. Ora, para grande espanto deles, os antilhanos que chegavam à África após 1945 se apresentavam com mãos suplicantes, o dorso cur-

---

* Termo usado no Senegal, no Mali, na Mauritânia e em outros países da África Ocidental para designar pessoas de cor branca, com exclusão dos árabe-berberes da África do Norte. (N. T.)

vado, abatidos. Chegavam à África com os corações cheios de esperança, desejosos de reencontrar a fonte, de se nutrir nos autênticos seios da terra africana. Os antilhanos, funcionários e militares, médicos e advogados, que desembarcavam em Dacar se sentiam infelizes por não serem suficientemente negros. Quinze anos antes, eles diziam aos europeus: "Não repare na minha pele negra, foi o sol que me queimou, minha alma é branca como a sua". Depois de 1945, eles mudam seu discurso e dizem aos africanos: "Não repare na minha pele branca, minha alma é negra como a sua e é isso que importa".

Mas os africanos estavam demasiado ressentidos com eles para que essa transformação fosse fácil assim. Reconhecidos na sua negritude, na sua obscuridade, naquilo que, quinze anos antes, era um erro, eles negavam aos antilhanos qualquer veleidade nesse sentido. Descobriam-se enfim possuidores da verdade, portadores seculares de uma pureza inalterável. Então rejeitaram o antilhano, lembrando-lhe que eles não tinham desertado, não tinham traído, eles é que haviam penado, sofrido, lutado sobre a terra africana. O antilhano tinha dito não ao branco, o africano dizia não ao antilhano.

Este último tinha assim sua segunda experiência metafísica. Sentia então o desespero. Assombrado pela impureza, abatido pela contrição, esmagado pela culpabilidade, ele vivia o drama de não ser nem branco nem preto.

Ele criou, compôs poemas, cantou a África, a África terra dura e bela, a África explosão de cólera, alvoroço tumultuado, enlameado, a África terra da verdade. No Instituto de Línguas Orientais de Paris, ele aprendeu o bambara. O africano, em sua majestade, condenava todos esses esforços. O africano se vingava e o antilhano pagava o preço...

Antilhanos e africanos

Tentando agora explicar e resumir a situação, podemos dizer que na Martinica, antes de 1939, não havia o negro de um lado e o branco de outro, mas uma escala de cores cujos intervalos podiam ser rápida e facilmente transpostos. Bastava ter filhos com uma pessoa menos negra que você. Não havia a barreira racial, nem discriminações. Havia essa pitada de ironia, tão característica da mentalidade martinicana.

Mas na África a discriminação era real. Lá o preto, o africano, o nativo, o negro, o sujo, era rejeitado, desprezado, amaldiçoado. Lá havia a amputação, o desconhecimento da humanidade.

Até 1939 o antilhano vivia, pensava, sonhava (como mostramos em nosso ensaio intitulado *Peles negras, máscaras brancas*), compunha poemas, escrevia romances exatamente como o faria um branco. Agora se entende por que não lhe era possível cantar, como os poetas africanos, a noite negra, "a mulher negra de calcanhares cor-de-rosa". Antes de Césaire a literatura antilhana é uma literatura de europeus. O antilhano se identificava como branco, adotava uma atitude de branco, "era um branco".

Depois que o antilhano foi obrigado, sob pressão de europeus racistas, a abandonar essas posições que, no fim das contas, eram frágeis, posto que absurdas, inexatas, alienantes, é que nascerá uma nova geração. O antilhano de 1945 é um preto...

Há no *Cahier de retour au pays natal* um período africano, pois:

De tanto pensar no Congo
Tornei-me um Congo palpitante de florestas e de rios.[12]

Então, voltado para a África, o antilhano vai interpelá-la. Ele se descobre filho de escravos transplantados, sente a vibração da África na parte mais profunda de seu corpo e só aspira a uma coisa: mergulhar no grande "buraco negro".

Assim, parece que o antilhano, depois do grande engano branco, está a caminho de viver agora na grande miragem negra.

II

Racismo e cultura

1. Racismo e cultura[13]

A REFLEXÃO SOBRE O VALOR NORMATIVO de certas culturas decretado unilateralmente merece nossa atenção. Um dos paradoxos rapidamente encontrados é o ricochete de definições egocêntricas, sociocêntricas.

Afirma-se, de início, a existência de grupos humanos sem cultura; depois, de culturas hierarquizadas; por fim, a noção de relatividade cultural.

Da negação global ao reconhecimento singular e específico. É precisamente essa história fragmentada e sangrenta que nos falta esboçar no plano da antropologia cultural.

Existem, podemos dizer, certas constelações de instituições, vividas por determinados homens, em áreas geográficas precisas, que num dado momento sofreram o ataque direto e brutal de esquemas culturais diferentes. O desenvolvimento técnico, geralmente elevado, do grupo social assim surgido o autoriza a instalar uma dominação organizada. O empreendimento da desaculturação se apresenta como o negativo de um trabalho muitíssimo maior de submissão econômica e mesmo biológica.

A doutrina da hierarquia cultural não é, assim, mais que uma modalidade da hierarquização sistematizada conduzida de maneira implacável.

A moderna teoria da ausência de integração cortical dos povos coloniais é sua face anatomofisiológica. O aparecimento do racismo não é fundamentalmente determinante. O racismo não é um todo, mas o elemento mais visível, mais cotidiano, às vezes o mais grosseiro, em suma, de uma dada estrutura.

Estudar as relações entre o racismo e a cultura é questionar sua ação recíproca. Se a cultura é o conjunto dos comportamentos motores e mentais nascido do encontro do homem com a natureza e com seu semelhante, deve-se dizer que o racismo é de fato um elemento cultural. Existem, portanto, culturas com racismo e culturas sem racismo.

Esse elemento cultural específico, entretanto, não se enquistou. O racismo não pôde se esclerosar. Ele precisou renovar-se, nuançar-se, mudar de fisionomia. E teve de cumprir o destino do conjunto cultural que lhe dava forma.

Como as Escrituras se mostraram insuficientes, o racismo vulgar, primitivo, simplista pretendia encontrar no biológico a base material da doutrina. Seria fastidioso relembrar os esforços então empreendidos: formato comparado do crânio, quantidade e configuração dos sulcos do encéfalo, características das camadas celulares do córtex, dimensões das vértebras, aspecto microscópico da epiderme etc.

O primitivismo intelectual e emocional aparecia como uma consequência banal, um reconhecimento de existência.

Tais afirmações, brutais e maciças, deram lugar a uma argumentação mais fina. Aqui e ali, contudo, aparecem algumas ressurgências. É assim que a "instabilidade emocional do negro", "a integração subcortical do árabe", "a culpabilidade quase genérica do judeu" são dados que encontramos em alguns autores contemporâneos. A monografia de J. Carothers, por exemplo, patrocinada pela OMS, apresenta, a partir de "argumentos científicos", uma lobotomia fisiológica do negro africano.

Racismo e cultura

Essas posições que produzem sequelas tendem, em todo caso, a desaparecer. Esse racismo que se pretende racional, individual, determinado por genótipos e fenótipos se transforma em racismo cultural. O objeto do racismo não é mais o homem particular, mas uma certa forma de existir. No limite, fala-se de mensagem, de estilo cultural. Os "valores ocidentais" se unem de forma singular ao já célebre apelo à luta da "cruz contra o crescente".

Claro, a equação morfológica não desapareceu totalmente, mas os eventos dos trinta últimos anos abalaram as convicções mais arraigadas, sacudiram o tabuleiro, reestruturaram muitas das relações.

A lembrança do nazismo, a miséria comum de homens diferentes, a submissão comum de grupos sociais importantes, o aparecimento de "colônias europeias", ou seja, a instituição de um regime colonial no próprio território europeu, a tomada de consciência dos trabalhadores nos países colonizadores e racistas, a evolução tecnológica — tudo isso alterou profundamente a face do problema.

É preciso buscar, no nível da cultura, as consequências desse racismo.

O racismo, como já vimos, não passa de um elemento de um todo maior: o da opressão sistematizada de um povo. Como se comporta um povo que oprime? Aqui encontramos as constantes.

Assistimos à destruição de valores culturais, de modalidades de existência. A língua, o vestuário, as técnicas são desvalorizados. Como perceber essa constante? Os psicólogos, que tendem a explicar tudo pelos movimentos da alma, pretendem encontrar esse comportamento ao nível dos contatos entre indivíduos: a crítica a um chapéu original, a uma forma de falar, de andar...

Tentativas semelhantes ignoram de forma deliberada o caráter incomparável da situação colonial. Na verdade, as nações que empreendem uma guerra colonial não se preocupam em comparar as culturas. A guerra é um gigantesco negócio comercial e toda abordagem deve levar isso em conta. A submissão, no sentido mais rigoroso, da população autóctone é a principal necessidade.

Para isso é preciso destruir seus sistemas de referência. A expropriação, a espoliação, a invasão, o assassinato objetivo se desdobram numa pilhagem de esquemas culturais, ou pelo menos a propiciam. O panorama social é desestruturado, os valores são desprezados, esmagados, esvaziados. As linhas de força não mais organizam, desmoronadas diante de um novo sistema estabelecido pela força, não proposto mas imposto, sob o peso de sabres e canhões.

A implantação do regime colonial, contudo, não ocasiona a morte da cultura autóctone. Pelo contrário, a observação histórica ressalta que o fim desejado é mais a agonia constante do que o desaparecimento total da cultura preexistente. Essa cultura, outrora viva e aberta ao futuro, se fecha, paralisada pelo estatuto colonial, esmagada pela carga da opressão. Ao mesmo tempo presente e mumificada, ela depõe contra os seus membros. Na verdade, ela os define para sempre. A mumificação cultural acarreta uma mumificação do pensamento individual. A apatia tão universalmente notada nos povos coloniais é apenas a consequência lógica dessa operação. A acusação de inércia frequentemente dirigida ao "nativo" é o cúmulo da desonestidade. Como se fosse possível para um homem evoluir

Racismo e cultura   73

senão no contexto de uma cultura que o reconhece e que ele decide assumir.

É assim que assistimos à implementação de organismos arcaicos, inertes, funcionando sob a vigilância do opressor e caricaturalmente modelados a partir de instituições outrora fecundas...

Esses organismos traduzem aparentemente o respeito à tradição, às especificidades culturais, à personalidade do povo escravizado. De fato, esse falso respeito se identifica com o desprezo mais cabal, o sadismo mais elaborado. A característica de uma cultura é ser aberta, perpassada por linhas de força espontâneas, generosas, fecundas. A instalação de "homens certos" encarregados de executar determinados gestos é uma mistificação que não engana ninguém. É assim que as *djemaas** cabilas nomeadas pela autoridade francesa não são reconhecidas pelas autóctones. Elas são submetidas a outra *djemaa* democraticamente eleita. E, naturalmente, na maior parte do tempo esta última dita a conduta da primeira.

A preocupação constantemente reafirmada de "respeitar a cultura das populações autóctones" não significa, portanto, que se levem em consideração os valores veiculados pela cultura, encarnados pelos homens. Na verdade, percebe-se nessa empreitada uma vontade de objetificar, de encapsular, de aprisionar, de enquistar. Expressões como "eu os conheço" ou "eles são desse jeito" traduzem essa objetivação levada ao máximo. Assim, eu conheço os gestos, os pensamentos que definem esses homens.

O exotismo é uma das formas dessa simplificação. A partir daí, não há como haver qualquer comparação cultural. Há,

---

* Assembleias de notáveis no Magrebe. (N. T.)

de um lado, uma cultura na qual reconhecemos as qualidades do dinamismo, do desenvolvimento, da profundidade. Uma cultura em movimento, em perpétua renovação. Nela se encontram características, curiosidades, coisas, mas nunca uma estrutura.

Desse modo, numa primeira fase o invasor instala sua dominação, estabelece firmemente sua autoridade. O grupo social submetido econômica e militarmente é desumanizado segundo um método polidimensional.

Exploração, torturas, pilhagens, racismo, assassinatos coletivos, opressão racional se revezam em diferentes níveis para literalmente fazer do autóctone um objeto nas mãos da nação ocupante.

Esse homem-objeto, sem meios de existência, sem razão de ser, é destruído no que há de mais profundo em sua essência. O desejo de viver, de prosseguir, torna-se cada vez mais confuso, mais fantasmático. É nesse estágio que surge o famoso complexo de culpa. Wright, em seus primeiros romances, faz dele uma descrição bastante minuciosa.

Progressivamente, entretanto, a evolução das técnicas de produção, a industrialização, por sinal limitada, dos países dominados, a existência cada vez mais necessária de colaboradores impõem ao ocupante uma nova atitude. A complexidade dos meios de produção, a evolução das relações econômicas — que acabam estimulando, bem ou mal, a evolução das ideologias — desequilibram o sistema. O racismo vulgar em sua forma biológica corresponde ao período de exploração brutal dos braços e das pernas do homem. O aperfeiçoamento dos meios de produção provoca fatalmente a camuflagem das técnicas de exploração do homem, e logo das formas de racismo.

Racismo e cultura

Assim, não é na esteira de uma evolução dos espíritos que o racismo perde sua virulência. Nenhuma revolução interior explica essa obrigação de o racismo se nuançar, de evoluir. Por toda parte homens se libertam superando a letargia a que a opressão e o racismo os haviam condenado.

No próprio seio das "nações civilizadoras" os trabalhadores descobrem, enfim, que a exploração do homem, base de um sistema, assume diversas faces. Nesse estágio o racismo não ousa mais apresentar-se sem disfarce. Ele é contestado. Num número crescente de situações, o racista se esconde. Aquele que pretendia "senti-los", "discerni-los", descobre que é visto, observado, julgado. O projeto do racista é então um projeto assombrado pela consciência pesada. A absolvição só pode vir de um envolvimento passional do tipo que encontramos em certas psicoses. E não é um dos menores méritos do professor Baruk o de haver definido a semiologia desses delírios passionais.

O racismo nunca é um elemento adicionado depois, descoberto por acaso numa pesquisa entre os dados culturais de um grupo. A constelação social, o todo cultural são profundamente modificados pela existência do racismo.

Hoje em dia se diz que o racismo é uma chaga da humanidade. Mas não se deve ficar satisfeito com essa frase. É preciso buscar incessantemente as repercussões do racismo em todos os níveis da sociabilidade. A importância do problema do racismo na literatura norte-americana contemporânea é significativa. O negro no cinema, o negro no folclore, o judeu e as histórias infantis, o judeu no café são temas inesgotáveis.

Voltando aos Estados Unidos, o racismo assombra e conspurca a cultura norte-americana. E essa gangrena dialética é exacerbada pela tomada de consciência e pela disposição para a luta de milhões de negros e judeus visados por esse racismo.

Essa fase passional, irracional, sem justificativa, traz à tona um aspecto assustador. A circulação de grupos, a libertação, em certas partes do mundo, de homens antes inferiorizados torna o equilíbrio cada vez mais precário. De forma bastante inesperada, o grupo racista denuncia o surgimento de um racismo entre os homens oprimidos. O "primitivismo intelectual" do período de exploração dá lugar ao "fanatismo medieval, quiçá pré-histórico" do período de libertação.

Em determinado momento poderíamos ter acreditado no desaparecimento do racismo. Essa impressão euforizante, fora da realidade, era simplesmente a consequência da evolução das formas de exploração. Os psicólogos falam, então, de um preconceito que se tornou inconsciente. A verdade é que o rigor do sistema torna supérflua a afirmação cotidiana de uma superioridade. A necessidade de apelar, em diferentes níveis, à adesão, à colaboração do autóctone modifica as relações num sentido menos brutal, mais nuançado, mais "culto". Aliás, não é raro ver surgir nesse estágio uma ideologia "democrática e humana". A empreitada comercial da escravização, da destruição cultural, progressivamente perde terreno para uma mistificação verbal.

O interesse dessa evolução é que o racismo seja incorporado como tema de meditação, às vezes até como técnica publicitária.

É assim que o blues, "lamento dos escravos negros", é apresentado à admiração dos opressores. É um pouco de opressão estilizada que retorna ao explorador e ao racista. Sem opressão e sem racismo não há blues. O fim do racismo significaria o fim da grande música negra...

Racismo e cultura

Como diria o célebre Toynbee, o blues é uma resposta do escravo ao desafio da opressão.

Ainda hoje, para muitos homens, mesmo os de cor, a música de Armstrong só faz realmente sentido nessa perspectiva.

O racismo incha e desfigura a face da cultura que o pratica. A literatura, as artes plásticas, as canções para jovens sentimentais, os provérbios, os hábitos, os padrões, quer se proponham a criticar o racismo ou a banalizá-lo, restituem o racismo. O que equivale a dizer que um grupo social, um país, uma civilização não podem ser racistas inconscientemente.

Nós repetimos: o racismo não é uma descoberta acidental. Não é um elemento secreto, dissimulado. Não são necessários esforços sobre-humanos para evidenciá-lo.

O racismo salta aos olhos precisamente por fazer parte de um todo bastante típico: o da exploração desavergonhada de um grupo de homens por um outro grupo, que atingiu um estágio de desenvolvimento técnico superior. É por isso que a opressão militar e econômica, na maior parte do tempo, precede, possibilita e legitima o racismo.

O hábito de considerar o racismo como uma disposição de espírito, uma tara psicológica, deve ser abandonado.

Mas como se comporta o homem visado pelo racismo, como se comporta o grupo social escravizado, explorado, privado de sua substância? Quais são seus mecanismos de defesa?

Que atitudes descobrimos aqui?

Numa primeira fase, vimos o invasor legitimar sua dominação com argumentos científicos e a "raça inferior" se negar enquanto raça. Como não lhe resta nenhuma outra solução, o grupo social racializado tenta imitar o opressor e, assim, desracializar-se. A "raça inferior" se nega enquanto raça diferente.

Ela compartilha com a "raça superior" as convicções, doutrinas e outras considerações que lhe dizem respeito.

Tendo assistido à aniquilação de seus sistemas de referência, à destruição de seus esquemas culturais, nada mais resta ao autóctone senão reconhecer, juntamente com o invasor, que "Deus não está do seu lado". O opressor, pelo caráter global e assustador de sua autoridade, chega a impor ao autóctone novas maneiras de ver, sobretudo uma avaliação pejorativa de suas formas originais de existência.

Esse acontecimento, em geral chamado de alienação, é naturalmente muito importante. Podemos encontrá-lo nos textos oficiais sob a designação de assimilação.

Ora, essa alienação nunca é plenamente atingida. Porque o opressor limita quantitativa e qualitativamente a evolução, surgem fenômenos imprevistos, heteróclitos.

O grupo inferiorizado havia admitido, dada a força implacável desse raciocínio, que suas desventuras procediam diretamente de suas próprias características raciais e culturais.

Culpabilidade e inferioridade são as consequências habituais dessa dialética. O oprimido tenta então escapar disso, por um lado proclamando sua adesão total e incondicional aos novos modelos culturais e, por outro, condenando de forma irreversível seu próprio estilo cultural.[14]

Entretanto, a necessidade do opressor de, em determinado momento, dissimular as formas de exploração não implica o desaparecimento desta. As relações econômicas mais elaboradas, menos grosseiras, exigem um encobrimento cotidiano, mas a alienação nesse nível continua sendo pavorosa.

Tendo julgado, condenado e abandonado suas formas culturais, sua língua, sua alimentação, suas práticas sexuais, seu

Racismo e cultura

modo de se sentar, de repousar, de rir, de se divertir, o oprimido *mergulha* na cultura imposta com a energia e a tenacidade de um náufrago.

Desenvolvendo seus conhecimentos técnicos no contato com máquinas cada vez mais aperfeiçoadas, adentrando o circuito dinâmico da produção industrial, encontrando homens de regiões distantes no contexto da concentração de capitais, logo de locais de trabalho, descobrindo a cadeia, a equipe, o "tempo" de produção, ou seja, o rendimento por hora, o oprimido constata, escandalizado, que segue sendo alvo do racismo e do desprezo.

É nesse nível que se faz do racismo uma história de pessoas. "Existem alguns racistas incorrigíveis, mas é preciso concordar que, de forma geral, a população gosta de..."

Com o tempo, tudo isso vai desaparecer.

Este país é o menos racista...

A ONU tem uma comissão encarregada de lutar contra o racismo.

Filmes sobre o racismo, poemas sobre o racismo, mensagens sobre o racismo...

As condenações espetaculares e inúteis do racismo. A realidade é que um país colonial é um país racista. Se na Inglaterra, na Bélgica ou na França, a despeito dos princípios democráticos declarados por essas nações, ainda se encontram racistas, são estes que, contra o país como um todo, têm razão.

Não é possível subjugar homens sem logicamente inferiorizá-los dos pés à cabeça. E o racismo não passa de uma explicação emocional, afetiva, às vezes intelectual, dessa inferiorização.

Numa cultura com racismo, o racista é, portanto, normal. Nele, a adequação às relações econômicas e à ideologia é perfeita. Claro, a ideia que se faz do homem nunca é totalmente dependente das relações econômicas, ou seja, das relações, não o esqueçamos, história e geograficamente existentes entre os homens e os grupos. Um número cada vez maior de membros de sociedades racistas toma posição. Eles põem suas vidas a serviço de um mundo no qual o racismo seria impossível. Mas esse recuo, essa abstração, esse engajamento solene não estão ao alcance de todos. Não se pode exigir que um homem se coloque, impunemente, contra "os preconceitos de seu grupo".

Ora, vale repetir, todo grupo colonialista é racista.

Ao mesmo tempo "aculturado" e vítima de um processo de desaculturação, o oprimido continua a tropeçar no racismo. Ele considera ilógica essa sequela, e o que deixou para trás inexplicável, sem motivo, inexato. Seus conhecimentos, a apropriação de técnicas precisas e complicadas, por vezes sua superioridade intelectual em relação a um grande número de racistas, levam-no a qualificar o mundo racista como passional. Ele se dá conta de que a atmosfera racista impregna todos os elementos da vida social. O sentimento de uma injustiça esmagadora é então muito vivo. Esquecendo o racismo como consequência, combate-se encarniçadamente o racismo como causa. Realizam-se campanhas de desintoxicação. Apela-se ao senso de humanidade, ao amor, ao respeito aos valores supremos...

Na verdade, o racismo obedece a uma lógica infalível. Um país que vive, que tira sua substância da exploração de povos diferentes, inferioriza esses povos. O racismo a eles aplicado é normal.

O racismo, portanto, não é uma constante do espírito humano.

Ele é, como vimos, uma disposição inscrita num determinado sistema. E o racismo contra o judeu não é diferente do

Racismo e cultura 81

racismo contra o negro. Uma sociedade ou é racista ou não é. Não existem graus de racismo. Não se deve dizer que tal país é racista mas lá não existem linchamentos nem campos de extermínio. A verdade é que tudo isso, e outras coisas, está no horizonte. Essas virtualidades, essas latências circulam de forma dinâmica, encravadas na vida das relações psicoafetivas, econômicas...

Descobrindo a inutilidade de sua alienação, o aprofundamento de sua espoliação, o inferiorizado, depois dessa fase de desculturação e de extraversão, torna a encontrar suas posições originais.

Ele se envolve com paixão nessa cultura antes abandonada, recusada, rejeitada, desprezada. Há nisso um exagero muito nítido, psicologicamente semelhante ao desejo de se fazer perdoar.

Mas por trás dessa análise simplificadora existe efetivamente a intuição, pelo inferiorizado, de uma verdade espontânea que surgiu. Essa história psicológica desemboca na História e na Verdade.

Como o inferiorizado reencontra um estilo antes desvalorizado, assiste-se a uma cultura da cultura. Essa caricatura da existência cultural significaria, se necessário, que a cultura se vive, não se fragmenta. Ela não se faz em pedaços.

Contudo, o oprimido se extasia a cada redescoberta. O encantamento é permanente. Antes emigrado de sua cultura, o autóctone agora a explora com fervor. É uma lua de mel constante. O antigo inferiorizado se encontra em estado de graça.

Ora, não se sofre uma dominação impunemente. A cultura do povo subjugado faz-se esclerosada, agonizante. Nela não circula vida alguma. Mais precisamente, a única vida que existe é dissimulada. A população, que em geral assume, aqui e ali, alguns nacos de vida, que continua a dar sentidos dinâmicos às instituições, é uma população anônima. Num regime colonial, esses são os tradicionalistas.

O antigo emigrado, pela súbita ambiguidade de seu comportamento, introduz o escândalo. Ao anonimato do tradicionalista se opõe um exibicionismo veemente e agressivo.

Estado de graça e agressividade são duas constantes encontradas nesse estágio, sendo a agressividade o mecanismo passional que permite escapar à mordida do paradoxo.

Porque o ex-emigrado domina técnicas precisas, porque seu nível de ação é no escopo de relações já complexas, essas redescobertas se revestem de um aspecto irracional. Há um fosso, uma distância entre o desenvolvimento intelectual, a apropriação técnica, as modalidades de pensamento e de lógica profundamente diferenciadas e uma base emocional "simples, pura" etc.

Reencontrando a tradição, vivendo-a como mecanismo de defesa, como símbolo de pureza, como salvação, a pessoa desaculturada deixa a impressão de que a mediação se vinga substancializando-se. Esse recuo para posições arcaicas sem relação com o desenvolvimento técnico é paradoxal. As instituições assim valorizadas não mais correspondem aos elaborados métodos de ação já adquiridos.

A cultura encapsulada, vegetativa é revalorizada depois da dominação estrangeira. Ela não é repensada, retomada, dinamizada a partir de dentro. É reivindicada. E essa revalorização, de início não estruturada, verbal, recobre atitudes paradoxais.

É nesse ponto que cabe mencionar o caráter incorrigível dos inferiorizados. Os médicos árabes dormem no chão, cospem em qualquer lugar etc.

Racismo e cultura

Os intelectuais negros consultam o feiticeiro antes de tomarem uma decisão etc.

Os intelectuais "colaboradores" tentam justificar sua nova atitude. Costumes, tradições, crenças antes negados e silenciados são violentamente afirmados e valorizados.

A tradição não é mais ironizada pelo grupo. Ele não foge mais. Reencontra-se o sentido do passado, o culto aos ancestrais...

O passado, de agora em diante uma constelação de valores, é identificado com a Verdade.

Essa redescoberta, essa valorização absoluta de aspecto quase irreal, objetivamente indefensável, reveste-se de uma importância subjetiva incomparável. Ao abandonar esses esponsais apaixonados, o autóctone terá decidido, "com conhecimento de causa", lutar contra todas as formas de exploração e alienação do homem. Por outro lado, a essa altura o invasor multiplica os apelos à assimilação, depois à integração à comunidade.

O corpo a corpo do nativo com sua cultura é uma operação solene demais, abrupta demais para tolerar qualquer falha. Nenhum neologismo pode mascarar a nova evidência: a imersão no abismo do passado é condição e fonte de liberdade.

O fim lógico dessa vontade de luta é a libertação total do território nacional. Para concretizar essa libertação, o inferiorizado lança mão de todos os seus recursos, de todas as suas posses, antigas e novas, suas e do invasor.

A luta é desde o início total, absoluta. Mas agora o racismo não é mais visível.

Na hora de impor sua dominação, para justificar a escravidão, o opressor recorrera a argumentações científicas. Nada semelhante aqui.

Um povo que empreende uma luta de libertação raramente legitima o racismo. Mesmo durante os períodos agudos da luta armada insurrecional, nunca se assiste ao uso maciço de justificativas biológicas.

A luta do inferiorizado se situa num nível notadamente mais humano. As perspectivas são radicalmente novas. É a oposição doravante clássica entre as lutas de conquista e de libertação.

No curso da luta, a nação dominadora procura reeditar argumentos racistas, mas a elaboração do racismo se mostra cada vez mais ineficaz. Fala-se de fanatismo, de atitudes primitivas diante da morte, porém, mais uma vez, o mecanismo já abalado não responde. Os anciãos imóveis, os covardes constitucionais, os medrosos, os inferiorizados de sempre se seguram firmemente e emergem eriçados.

O invasor não entende mais.

O fim do racismo começa com uma súbita incompreensão.

Liberta, a cultura contraída, espasmódica e rígida do invasor se abre enfim à cultura do povo que se tornou realmente irmão. As duas culturas podem confrontar-se, enriquecer-se.

Em conclusão, a universalidade reside nessa decisão de assumir o relativismo recíproco de culturas diferentes, uma vez excluído irreversivelmente o estatuto colonial.

III

Pela Argélia

1. Carta a um francês

QUANDO VOCÊ ME REVELOU seu desejo de deixar a Argélia, subitamente minha amizade se tornou silenciosa. Imagens, tenazes e decisivas, surgiram firmes à entrada de minha memória.

Eu via você e, ao lado, sua mulher.

Eu já o via na França... Novos rostos ao seu redor, muito distantes deste país onde, nos últimos dias, as coisas decididamente não vão bem.

Você me disse: a atmosfera se decompõe, preciso ir embora daqui. Sua decisão, sem ser irrevogável por você tê-la expressado, ia progressivamente tomando forma.

Este país inexplicavelmente encrespado! As rotas que não são mais seguras. Os campos de trigo transformados em braseiros. Os árabes que se tornam maus.

Fala-se. Fala-se.

As mulheres serão estupradas. Os testículos serão cortados e esmagados entre os dentes.

Lembram-se de Sétif? Vocês querem outro Sétif?*

Eles o terão, mas não nós.

Você me disse tudo isso rindo.

---

* Cidade da Argélia onde, em maio de 1945, ocorreram manifestações duramente reprimidas pelas autoridades coloniais, com a morte de milhares de pessoas. (N. T.)

Mas sua mulher não ria.

E por trás do seu riso eu vi.

Vi sua ignorância fundamental sobre as coisas deste país.

Das coisas que lhe explicarei.

Talvez você vá embora, mas me diga: quando lhe perguntarem "O que se passa na Argélia?", como você vai responder?

Quando seus irmãos perguntarem: "O que aconteceu na Argélia", que resposta vai lhes dar?

Mais precisamente, quando quiserem entender por que você deixou este país, como vai fazer para apagar essa vergonha que você já carrega?

Essa vergonha de não haver compreendido, de não ter desejado compreender o que se passava à sua volta todos os dias.

Oito anos em que você esteve neste país.

E nenhum pedaço dessa enorme ferida o impediu!

E nenhum pedaço dessa enorme ferida o obrigou!

A se descobrir, enfim, como é.

Inquieto pelo Homem, porém, estranhamente, não pelo Árabe.

Preocupado, angustiado, atormentado.

Mas, no campo aberto, sua imersão na mesma lama, na mesma lepra.

Porque não há um europeu que não se revolte, não fique indignado, não fique alarmado com tudo, menos com o destino do árabe.

Árabes despercebidos.

Árabes ignorados.

Árabes silenciados.

Árabes subutilizados, dissimulados.

Carta a um francês

Árabes cotidianamente negados, transformados em decoração saariana. E você misturado com aqueles:

Que jamais apertaram a mão de um árabe.

Que jamais beberam café.

Jamais falaram do tempo com um árabe.

Ao seu lado os árabes.

Os árabes excluídos.

Os árabes facilmente rejeitados.

Os árabes confinados.

A cidade nativa esmagada.

Cidade de nativos adormecidos.

Nunca acontece nada entre os árabes.

Toda essa lepra sobre o seu corpo.

Você vai partir. Mas todas essas perguntas, essas perguntas sem resposta. O silêncio combinado de 800 mil franceses, esse silêncio ignorante, esse silêncio inocente.

E 9 milhões de homens sob esse sudário de silêncio.

Eu lhe ofereço este dossiê para que ninguém morra, nem os mortos de ontem, nem os ressuscitados de hoje.

Quero minha voz brutal, não a quero bela, não a quero pura, não a quero em todas as dimensões.

Eu a quero rasgada de lado a lado, não quero que ela se divirta, pois, enfim, eu falo do homem e de sua recusa, do apodrecimento cotidiano do homem, de sua pavorosa resignação.

Quero que você conte.

Que eu diga, por exemplo, há uma crise de escolarização na Argélia, para que você pense: é uma pena, precisamos remediá-la.

Que eu diga: só um árabe a cada trezentos sabe assinar seu nome, para que você pense: é triste, isso precisa acabar.

Ouça ainda mais:

Uma diretora de escola se queixando diante de mim, queixando-se a mim de ser obrigada todo ano a admitir em sua escola novas crianças árabes.

Uma diretora de escola se queixando de, uma vez inscritos todos os europeus, ser obrigada a escolarizar algumas crianças árabes.

O analfabetismo desses pequenos *bicots*, que cresce na medida exata de nosso silêncio.

Ensinar os árabes? Mas nem pense nisso.

Vocês querem complicar a nossa vida.

Eles estão bem como estão.

Quanto menos compreenderem, melhor.

E onde arrumar dinheiro pra isso.

Isso vai custar os dois olhos da cara.

Por sinal, eles nem pedem tanto.

Uma pesquisa feita entre os caides* mostra que o árabe não reclama das escolas.

Milhões de pequenos engraxates. Milhões de criadinhos para as madames.

Milhões de me dê um pedacinho de pão. Milhões de analfabetos do tipo "não sabendo assinar, não assine, nós assinamos".

Milhões de impressões digitais em autuações que levam a prisões.

Nas atas do sr. Cadi.

Nos alistamentos em regimentos de atiradores argelinos.

Milhões de felás explorados, enganados, roubados.

---

* Pessoas locais em posição de chefia política, militar ou de outro tipo, também aplicado a líder de gangue. (N. T.)

Carta a um francês

Felás agarrados às quatro horas da manhã, abandonados às oito horas da noite. Do sol à lua.

Felás inchados de água, inchados de folhas, inchados de pãezinhos velhos que devem durar o mês inteiro.

Felá imóvel, e seus braços se movem e suas costas se curvam, mas sua vida parada.

Os carros passam e você não se mexe. Podiam passar sobre sua barriga, você não se mexeria.

Árabes nas estradas.

Varas enfiadas nas alças do cesto.

Cesto vazio, esperança vazia, toda essa morte do felá.

Duzentos e cinquenta francos por dia.

Felá sem terra.

Felá sem razão.

Se você não está contente, é só ir embora. Crianças enchem o barraco. Mulheres enchem o barraco.

Felá ressequido.

Sem sonho.

Seis vezes 250 francos por dia.

E nada aqui lhe pertence.

Somos amáveis com vocês, que mais vocês querem?

Sem nós, o que vocês fariam? Ah, seria bonito esse país se nós fôssemos embora?

Transformado em pântano dentro de pouco tempo, sim!

Vinte e quatro vezes 250 francos por dia.

Trabalha, felá. No teu sangue o esfalfamento prostrado de toda uma vida.

Seis mil francos por mês.

No teu rosto, o desespero.

No teu ventre, a resignação.

Que importa, felá, se este país é belo.

2. Carta ao ministro residente (1956)

> Do sr. dr. Frantz Fanon
> Médico dos Hospitais Psiquiátricos
> Médico-chefe de serviço no
> Hospital Psiquiátrico de
> BLIDA-JOINVILLE
>
> Ao sr. ministro residente
> Governador-geral da Argélia
> ARGEL

Sr. ministro,

A meu pedido e por portaria datada de 22 de outubro de 1953, o sr. ministro da Saúde Pública e da População resolveu colocar-me à disposição do sr. governador-geral da Argélia para ser designado a um hospital psiquiátrico desse país.

Lotado no Hospital Psiquiátrico de Blida-Joinville em 23 de novembro de 1953, tenho exercido desde essa data as funções de médico-chefe de serviço.

Embora as condições objetivas da prática psiquiátrica na Argélia já constituíssem um desafio ao bom senso, pareceu-me que se deveriam empreender esforços para tornar menos vicioso um sistema cujas bases doutrinárias se opõem cotidianamente a uma perspectiva humana autêntica.

Carta ao ministro residente (1956)

Durante quase três anos, dediquei-me totalmente a servir a este país e aos homens que o habitam. Não poupei esforços nem entusiasmo. Não houve uma única parcela de minhas ações que não exigisse como horizonte a emergência unanimemente almejada de um mundo adequado.

Mas o que são o entusiasmo e a preocupação de um homem se diariamente a realidade é tecida de mentiras, covardias e desprezo pelo homem?

De que valem as intenções se encarná-las torna-se impossível pela indigência do coração, a esterilidade do espírito, o ódio dos autóctones deste país?

A loucura é um dos meios que o homem tem de perder sua liberdade. E posso dizer que, situado nessa interseção, pude constatar com horror a amplitude da alienação dos habitantes deste país.

Se a psiquiatria é a técnica médica que se propõe permitir que o homem não seja mais um estrangeiro em seu ambiente, devo afirmar que o árabe, alienado permanente em seu país, vive num estado de despersonalização absoluta.

A condição da Argélia? Uma desumanização sistematizada.

Ora, a aposta absurda era querer a todo custo fazer existirem alguns valores quando o não direito, a desigualdade, o assassinato multicotidiano do homem eram transformados em princípios legislativos.

A estrutura social existente na Argélia se opunha a qualquer tentativa de recolocar o indivíduo em seu lugar.

Sr. ministro, chega um momento em que a tenacidade se torna uma perseverança mórbida. A esperança não é mais a porta aberta para o futuro, mas a preservação ilógica de uma atitude subjetiva em ruptura organizada com o real.

Sr. ministro, os acontecimentos atuais que cobrem de sangue a Argélia não são um escândalo, aos olhos do observador. Não se trata de um acidente, nem de uma pane do mecanismo. Os acontecimentos da Argélia são a consequência lógica de uma tentativa abortada de descerebrar um povo.

Não era necessário ser um psicólogo para descobrir, sob a aparente bonomia do argelino, por trás de sua humildade despojada, uma exigência fundamental de dignidade. E, diante de manifestações que não podem ser simplificadas, de nada adianta apelar a qualquer tipo de civismo.

A função de uma estrutura social é constituir instituições permeadas pela preocupação com o homem. Uma sociedade que encurrale seus membros em soluções de desespero é uma sociedade inviável, uma sociedade que deve ser substituída.

O dever do cidadão é dizê-lo. Nenhuma moral profissional, nenhuma solidariedade de classe, nenhum desejo de lavar a roupa suja em casa pode prevalecer aqui. Nenhuma mistificação pseudonacional pode seduzir a exigência do pensamento.

Sr. ministro, a decisão de punir os grevistas de 5 de julho de 1950 é uma medida que, literalmente, parece-me irracional.

Ou os grevistas foram aterrorizados na própria carne e na de suas famílias, donde era preciso entender sua atitude, julgá-la normal, considerando-se a atmosfera.

Ou sua abstenção traduzia uma corrente unânime de opinião, uma convicção inabalável, e então toda atitude punitiva seria supérflua, gratuita e inoperante.

Devo em verdade dizer-lhe que o medo não me pareceu ser a característica predominante entre os grevistas. Muito pelo contrário, havia a vontade inelutável de suscitar na calma e no silêncio uma nova era plena de paz e dignidade.

Carta ao ministro residente (1956)

O trabalhador urbano deve colaborar para a manifestação social. Mas é preciso que esteja convencido da excelência da sociedade em que vive. Chega um momento em que o silêncio se torna mentira.

As intenções mestras da existência pessoal se ajustam mal aos atentados permanentes aos valores mais banais.

Há muitos meses minha consciência é palco de debates imperdoáveis. E a conclusão é a vontade de não perder a esperança no homem, ou seja, em mim mesmo.

Minha decisão é não manter um cargo a qualquer custo, sob o falacioso pretexto de que não há mais nada a fazer.

Por todas essas razões, tenho a honra, sr. ministro, de lhe solicitar que aceite de bom grado minha demissão e ponha fim a minha missão na Argélia.

Subscrevo-me, respeitosamente.

IV

Rumo à libertação da África[15]

1. Decepções e ilusões do colonialismo francês[16]

Há vinte anos os povos coloniais vêm desmontando a dominação estrangeira e tomando lugar na cena internacional. Uma depois da outra, e com ritmos diferentes, as velhas metrópoles se retiram de suas possessões. Se as expedições coloniais obedecem a um esquema dado e conhecido — a necessidade de impor a ordem entre os bárbaros, a proteção das concessões e dos interesses dos países europeus, a generosa contribuição da civilização ocidental —, a estereotipia dos meios utilizados pelas metrópoles para se agarrarem a suas colônias ainda não foi suficientemente demonstrada.

A guerra franco-argelina, por suas proporções e sua intensidade, permite ver num primeiro plano, em função mesmo de seus fracassos sucessivos, as tentativas feitas pela França para manter sua dominação.

A colaboração impossível

A primeira tática dos países colonialistas consiste em se apoiar nos colaboradores oficiais e nos grandes proprietários de terra. Esses argelinos, particularmente designados por uma série de acordos, são reagrupados e encarregados de condenar publicamente "esse movimento sedicioso que perturba a paz da cidade". Em 1954 e durante os primeiros meses de 1955, a França procede ao recenseamento e à mobilização de seus fiéis e leais servidores. Declarações, condenações, apelos à sensatez são redigidos, publicados ou lidos nas rádios.

As autoridades colonialistas esperam com confiança, depois com ansiedade e enfim sem esperança os resultados dessas mensagens. Novamente solicitados, os servidores assumem o hábito, até então desconhecido, de recusar os convites, fogem às encenações oficiais e adotam frequentemente um novo vocabulário.

É que o engajamento revolucionário se revela cada vez mais total, e os colaboradores têm consciência do gigantesco despertar de um povo em armas.

O argumento econômico

Diante da defecção dos homens que, contudo, elas haviam utilizado e desonrado aos olhos do povo argelino, e diante da hostilidade ativa das elites, as autoridades francesas lançam uma segunda operação.

Esta se resume fundamentalmente a tentar separar a população supostamente "sã" do movimento revolucionário.

Incapaz de apreender o verdadeiro significado da luta de libertação, a França, num primeiro momento, reconhece a existência de um problema que declara ser econômico e social. Na esperança de fazer calar a voz da dignidade nacional, "ela se engaja solenemente no combate à miséria e em solucionar os problemas de moradia". Os salários são simbolicamente

Decepções e ilusões do colonialismo francês

aumentados, anunciam-se programas de investimento. Essa percepção de uma reivindicação nacional como uma insurreição ou um descontentamento social obedece a uma dupla mistificação: não existe uma consciência nacional argelina e as promessas de melhorar o nível de vida das populações devem ser suficientes para restabelecer a ordem e a paz.

Mas as autoridades francesas, utilizando indicadores cada vez mais incomuns e onerosos, descobrem com certa perplexidade que o movimento é sólido, enraizado nas massas e por elas estimulado.

Contra uma frente unida, métodos inumanos e cínicos

Num segundo momento, e com uma hipocrisia rara, a administração francesa organiza a operação Mozabites, a operação Cabilas, a operação Judeus e a operação Harkas. O que se busca concretamente é fazer surgir no seio da população correntes internas contraditórias, e, logo, contrarrevolucionárias. Caracterizam essas operações a exploração de certo número de hostilidades locais criadas pelo colonialismo, a manutenção e a intensificação provocada de diferenças culturais transformadas em luta de clãs ou, por vezes, de "raças".

Mélouza e Wagram levam a um ponto extremo de crueldade os métodos em que estupros, massacres ostensivamente assumidos pela FLN [Front de Libération Nationale] e a limpeza a pente-fino dos *douares** têm como finalidade provocar a revolta

---

* Um *douar* é um agrupamento de barracas nômades típico da África do Norte. Por extensão, o termo era usado para definir qualquer vila da zona rural da região durante o período da dominação francesa. (N. T.)

da população, a condenação do movimento revolucionário. O erro comum a essas diferentes manobras reside no fato de as autoridades francesas terem curiosamente esquecido que a FLN se identifica com o povo argelino. Os maridos das mulheres estupradas se encontravam no grupo da FLN local. À noite, eles desciam de seus setores operacionais para abraçar seus filhos. E as casas do *douar* destruído haviam sido construídas por *mujahedines* que ocupavam a montanha circundante.

O estado-maior, vítima de uma política desatualizada e da ausência de informações sobre a estrutura da FLN, imagina que nas montanhas tudo possa acontecer.

Ora, nada acontece sem que seja previsto e decidido.

Os deslocamentos dos grupos obedecem a um programa estratégico definido pelo estado-maior do ALN [Armée de Libération Nationale]. Cada unidade tem um setor preciso e um posto de comando que a coordena.

Não existe uma unidade da FLN em migração mais ou menos coerente que possa cometer um massacre aqui ou ali. Quando uma companhia ou um batalhão se desloca para fora de seu setor ou de sua região, é seguindo uma ordem do estado-maior da *wilaya*.* A comunicação é passada de antemão aos diferentes postos de comando de regiões e zonas, e o avanço é coberto pelas unidades locais.

Por ignorarem isso, as autoridades francesas soltaram seus soldados e suas *harkas*** sobre as populações civis argelinas.

A cada vez a vontade de independência se torna mais irredutível.

---

* Divisão administrativa comum em diversos países africanos, similar a uma região, província ou estado. (N. T.)

** Unidades de combatentes compostas de argelinos fiéis à França. (N. T.)

Decepções e ilusões do colonialismo francês

A operação Mozabites durou poucos dias. Quase sempre comerciantes, esses argelinos receberam numerosas cartas de ameaça. Suas lojas foram alvo de ataques. Desencadeou-se uma atmosfera de caráter racista. Essa tentativa grosseira fracassaria rapidamente, na esteira de uma ação de esclarecimento realizada pela FLN.

De modo semelhante, a operação Judeus tinha uma perspectiva racista. Ela seria denunciada na célebre carta da FLN à comunidade judaica da Argélia.

Entretanto, a carta-mestra do colonialismo era representada pelo MNA [Mouvement National Algérien]. Inexistente no território nacional, o messalismo* se beneficiava na França do apoio incondicional do inimigo. Em diversas oportunidades os franceses facilitaram o transporte de centenas de messalistas e lhes forneceram armamentos. Rapidamente identificados pelo serviço de inteligência da FLN quando de sua chegada ao território nacional, eles eram ou incorporados às nossas fileiras, ou condenados à morte e executados por trair a causa nacional e colaborar com o inimigo.

Uma explicação clássica

Nada mais restava à França senão levar a cabo uma terceira e última operação. Suas duas fases costumam andar juntas: a descoberta de uma inspiração estrangeira e particularmente comunista dos movimentos de libertação nacional.

---

* Conjunto de ideias defendidas pelo político argelino Messali Hadj, líder e fundador do MNA. (N. T)

A primeira fase, espetacular, ilustra perfeitamente o grau de inconsciência atingido pelos governos franceses. A expedição de Suez tinha como objetivo atacar pelo topo a Revolução Argelina. O Egito, acusado de guiar a luta do povo argelino, foi criminosamente bombardeado. A paz internacional, em momento de perigo, deveria ser salva pela atitude vigorosa e inequívoca da ONU.

Ora, ao mesmo tempo se intensificavam as operações militares na Argélia. A FLN toma a iniciativa por toda a extensão territorial. A grande greve de oito dias reafirma a unanimidade nacional nà luta e mantém seus objetivos.

Iniciada, abandonada e retomada, a segunda fase jamais foi levada a termo. O espantalho comunista foi pouco explorado. De modo confuso, os colonialistas franceses percebiam sua incoerência. Não estavam convencidos dessa tese.

Três operações políticas que acabaram esbarrando, assim como as operações militares paralelas, nas forças nacionais argelinas. Todos os métodos conhecidos, todas as manobras habituais se mostraram ineficazes, inadequados, inúteis. Claro, de tempos em tempos uma ou outra dessas operações foi relançada. Mas sua energia se esgotara.

Sonhos insensatos

Diante do povo argelino, os estrategistas franceses não entendem mais nada. Seus esquemas clássicos e longamente testados são agora inutilizáveis.

Depois de alguns meses, vê-se também a França afundar num probabilismo típico. As declarações de seus políticos assumem muitas vezes um tom profético.

Decepções e ilusões do colonialismo francês 105

No seio da FLN haveria querelas prestes a eclodir. Os militares tentariam tomar a direção do movimento. Existiria uma luta interna muito dura entre extremistas e moderados. As Cabilas dariam em breve um golpe de Estado. Enfim, uma luta entre coronéis era iminente.

Abandonando a ação e evitando decisões realistas, a França na Argélia espera, anseia e profetiza.

Isolada no território nacional, sem contato algum com o povo argelino, a França adota posições cada vez menos concretas, cada vez mais ilusórias.

Os argelinos já deveriam começar a se cansar, pensam os governantes franceses.

Formulam-se desejos e elaboram-se hipóteses, e, segundo uma lógica bem conhecida, eles são transformados em elementos da realidade: os membros do Conselho Nacional da Revolução Argelina (CNRA) estão divididos e militares desumanos aterrorizam os partidários da negociação. Às vezes, desiludidos pela ineficácia de seus desejos, os franceses fazem birra.

Na FLN, reprova-se seu caráter monolítico, sua falta de brechas, enquanto o povo argelino é acusado de lutar por um morto.

Ora, confrontar o real exige outras técnicas. As autoridades francesas deveriam se dar conta de uma vez por todas de que não se pode escapar aos fatos. Refugiar-se no mundo dos desejos, em cóleras inúteis, não é uma solução para a guerra franco-argelina.

Sim, há três anos o povo argelino é monolítico. É que a palavra de ordem é de uma clareza e de uma simplicidade incomuns.

Independência nacional por meio da luta armada, objetivos, limites, métodos e meios de luta estão definidos de uma vez por todas.

A quimera de dissensões eventuais manifesta uma total ausência de senso crítico, já que a realidade também não parece querer se conformar a essas visões ou a esses desejos.

A FLN não é um movimento de reivindicações profissionais, e qualquer barganha é impensável.

O CNRA não representa um grupo de interesses, mas o estado-maior político-militar de uma nação em luta por sua independência.

Sem controlar a realidade, incapazes de reconhecer a vontade nacional argelina ou recusando-se a fazê-lo e a tirar as conclusões lógicas que se impõem, as autoridades francesas vivem sob o signo dos desejos e profecias.

2. A Argélia diante dos torturadores franceses[17]

A REVOLUÇÃO ARGELINA, pela inspiração profundamente humana que a anima e por seu culto passional à liberdade, prossegue após três anos na destruição metódica de um certo número de mistificações.

De fato a Revolução Argelina restitui seus direitos à existência nacional. De fato ela é testemunha da vontade do povo. Mas o interesse e o valor de nossa revolução residem na mensagem da qual ela é portadora.

As práticas verdadeiramente monstruosas que surgiram desde 1º de novembro de 1954 surpreendem principalmente por terem se generalizado... Na verdade, a atitude das tropas francesas na Argélia se situa numa estrutura de dominação policial, racismo sistemático e desumanização realizada de maneira racional. A tortura é inerente ao todo da estrutura colonialista.

A Revolução Argelina, ao se propor à libertação do território nacional, visa não apenas à morte desse todo, mas à elaboração de uma nova sociedade. A independência da Argélia não é somente o fim do colonialismo, mas o fim, nessa parte do mundo, de um germe de gangrena e de uma fonte de epidemia.

A libertação do território nacional argelino é uma derrota para o racismo e a exploração do homem; ela inaugura o reinado incondicional da justiça.

A verdadeira contradição

As guerras de libertação nacional são frequentemente apresentadas como expressão das contradições internas dos países colonialistas. A guerra franco-argelina, embora se inscreva num contexto histórico caracterizado pela eclosão simultânea e sucessiva de movimentos de libertação nacional, apresenta características próprias.

Colônia de povoamento declarada território metropolitano, a Argélia viveu sob uma dominação policial e militar jamais igualada em países coloniais. Isso se explica, em primeiro lugar, pelo fato de a Argélia jamais ter deposto suas armas desde 1830. Mas, sobretudo, a França não ignora a importância da Argélia em sua estrutura colonial, e nada pode explicar sua obstinação e seus esforços incalculáveis senão a certeza de que a independência da Argélia vai provocar, em curto prazo, o colapso de seu império.

Situada às portas da França, a Argélia permite que o mundo ocidental veja em detalhes e como que em câmera lenta as contradições da situação colonial.

O apelo ao contingente francês, a mobilização de diversas classes, a convocação de oficiais e suboficiais, os chamados ao sacrifício apresentados periodicamente ao povo, os impostos e o congelamento de salários envolveram toda a nação francesa nessa guerra de reconquista colonial.

O entusiasmo generalizado, e por vezes verdadeiramente sanguinário, que tem marcado a participação de operários e camponeses franceses na guerra contra o povo argelino abalou os fundamentos da tese de um país real que se oporia a um país legal.

A *Argélia diante dos torturadores franceses* 109

Segundo uma frase significativa de um dos presidentes do Conselho francês, a nação se identifica com seu exército que combate na Argélia.

A Guerra da Argélia é feita conscientemente por todos os franceses, e as poucas críticas individuais expressas até agora evocam unicamente certos métodos que "precipitam a perda da Argélia". Mas a reconquista colonial em sua essência, a expedição armada, a tentativa de sufocar a liberdade de um povo não são condenadas.

A tortura, necessidade fundamental do mundo colonial

Já há algum tempo, fala-se muito sobre as torturas aplicadas por soldados franceses aos patriotas argelinos. Textos abundantes, precisos, apavorantes foram publicados. Comparações históricas foram feitas. Personalidades estrangeiras, inclusive francesas, condenaram essas práticas.

Os franceses que se insurgem contra a tortura, ou que lamentam sua extensão, inevitavelmente fazem pensar nas belas almas de que falava certo filósofo, e a denominação de "intelectuais cansados" que lhes é atribuída por seus compatriotas Robert Lacoste e Max Lejeune é bem pertinente. Não se pode ao mesmo tempo desejar manter a dominação francesa na Argélia e condenar os meios dessa manutenção.

A tortura na Argélia não é um acidente, ou um erro, ou uma falha. Não se compreende o colonialismo sem a possibilidade de torturar, de violar e de massacrar.

A tortura é uma modalidade das relações entre invasor e invadido.

Os policiais franceses, que por muito tempo foram os únicos a praticar essas torturas, não ignoram isso. A necessidade de legitimá-las sempre foi vista por eles como um escândalo e um paradoxo.

A tortura, um estilo de vida

Ocorre que o sistema tem seus acidentes, suas panes. Analisá-los é de extrema importância.

Durante o primeiro trimestre de 1956, os casos de policiais no limiar da loucura se revelaram numerosos.

Os problemas que eles apresentavam em seu ambiente familiar (ameaças de morte dirigidas às esposas, graves agressões aos filhos, insônia, pesadelos, constantes ameaças de suicídio)[18] e as falhas profissionais das quais foram considerados culpados — rixas com colegas, negligência em serviço, falta de energia, atitudes desrespeitosas em relação aos chefes — tornaram necessário que fossem mantidos sob cuidados médicos, transferidos para outro serviço ou, mais frequentemente, que voltassem para a França.

O surgimento de diversos organismos revolucionários dinâmicos, as reações fulminantes de nossos *fedayines*,* a implantação da FLN em todo o território nacional impunham aos policiais franceses problemas insuperáveis. O estado permanente de alerta ao qual a FLN os condenava parecia explicar a irritabilidade dos policiais.

---

* Militantes nacionalistas. (N. T.)

A Argélia diante dos torturadores franceses

Ora, rapidamente os policiais apresentam suas explicações. Eles batem violentamente nos filhos porque creem estar ainda diante dos argelinos.

Ameaçam suas mulheres porque "o dia todo eu ameaço e executo".

Não dormem porque ouvem os gritos e lamentos de suas vítimas.

Isso tudo evidentemente coloca certos problemas. Estaríamos na presença de homens torturados pelo remorso?

Seria uma revolta da consciência moral?

As torturas reconhecidas por esses policiais seriam exceções?

A existência desses policiais no limite da patologia indicaria o caráter inabitual, anormal, em suma, ilegal da tortura?

Dito de outra forma, o policial torturador está em contradição com os "valores" de seu grupo e do sistema que defende?

Depois de haverem negado a existência de torturas na Argélia, os franceses têm utilizado um duplo argumento.

Primeiro, afirmaram que se tratava de casos excepcionais. A maior omissão dos intelectuais franceses foi terem tolerado essa mentira. Punições serão aplicadas, disse o governo francês, mas não podemos torná-las públicas. Como se a tortura de um homem ou um massacre organizado não se sujeitassem ao direito penal público. A paixão pela verdade e pela justiça não pode aceitar tamanha fraude sem contestação.

A fuga às responsabilidades

Mas, como os testemunhos se tornavam cada vez mais numerosos e as torturas se revelavam cada vez menos excepcionais, toda a responsabilidade foi atribuída aos elementos estrangeiros que serviam no exército francês. Esse segundo argumento é importante. Mostra ao mesmo tempo o cinismo das autoridades francesas e a crescente impossibilidade de enganar, dissimular, mentir. Depois de um ano, os franceses insistem em repetir que apenas os antigos membros da ss servindo na Legião Estrangeira são responsáveis pela tortura. Ora, a maioria dos desertores do exército francês são legionários estrangeiros. É por ficarem revoltados com os métodos policiais franceses que esses alemães e italianos abandonam as fileiras inimigas e se juntam às unidades do ALN. É às dezenas que os interrogamos antes de eles serem repatriados. Esses velhos legionários são unânimes: a crueldade e o sadismo das forças francesas são aterradores.

Em todo caso, é importante não esquecer que o surgimento de soldados torturadores remonta ao inverno de 1955. Durante quase um ano, apenas os policiais é que torturaram na Argélia.

Hoje conhecemos os pormenores dos métodos empregados pelos franceses. Múltiplos testemunhos foram publicados a respeito, e elencou-se uma significativa gama de técnicas. Ainda assim, não se forneceu nenhum elemento sobre a doutrina, a filosofia da tortura. Informações obtidas pela FLN esclarecem particularmente essa racionalização.

Lofrédo e Podevin, os teóricos da tortura

Os policiais franceses Lofrédo (comissário em Argel) e Podevin (chefe da polícia judiciária de Blida) especificaram, a amigos e em exposições de caráter técnico a seus novos colaboradores, algumas das características dos métodos que utilizavam.

A Argélia diante dos torturadores franceses 113

1. Numerosos testemunhos e relatórios convergentes de delatores apontam um argelino como tendo um papel importante na organização local da FLN. O patriota é preso e conduzido às instalações da PJ [a polícia judiciária]. Não lhe é feita nenhuma pergunta porque, nesse momento da investigação, "nós não sabemos a direção que o interrogatório deve tomar e o suspeito não pode se dar conta de nossa ignorância". O melhor caminho é quebrar sua resistência utilizando o método chamado de "aquecimento pelo exemplo".

Alguns jipes saem da PJ e trazem uma dezena de argelinos recolhidos na rua aleatoriamente ou, mais frequentemente, num *douar* das redondezas. Um a um, na presença do suspeito que, só ele, interessa à polícia, esses homens serão torturados até a morte. Estima-se que, depois de cinco ou seis assassinatos, o verdadeiro interrogatório possa começar.

2. O segundo método consiste em torturar primeiro o suspeito. Muitas sessões são necessárias para esgotar sua energia. Não se faz nenhuma pergunta a ele. O inspetor Podevin, que utilizou amplamente esse método, primeiro em Blida, depois em Argel, admite que é difícil não dizer nada quando o torturado pede explicações. Assim, é necessário agilizar a quebra de sua resistência.

Na sexta ou sétima sessão, apenas lhe dizem: estamos te ouvindo.

Nesse ponto o interrogatório não é de forma alguma dirigido. O suspeito, em princípio, deve dizer tudo que sabe.

Nos dois casos, encontra-se o mesmo fenômeno: o interrogatório é postergado.

Nessa perspectiva, na qual o pretexto dos fins tende cada vez mais a se destacar dos meios, é normal que a tortura se torne sua própria justificativa. E o sistema colonialista, para ser lógico, deve aceitar a reivindicação da tortura como um de seus elementos importantes.

Os intelectuais e a imprensa franceses

O sr. Louis Martin-Chauffier, num relatório prudente em que não é difícil identificar uma semiaprovação, não consegue escapar desse dilema. O argumento da tortura excepcional é aí retomado com particular vigor. Entretanto, o autor chega a reconhecer que, "cometidos no estágio inferior, esses crimes são de alguma forma acobertados pela negligência dos poderes superiores em tomar um cuidado suficiente e ameaçam, pela quase impunidade que os encoraja, erigir-se num verdadeiro sistema". A contradição não pode mais ser negada e a frase seguinte é de um Igame (Inspetor-Geral de Administração em Missão Extraordinária), a mais alta autoridade francesa na Argélia, que aprova, aconselha e legitima esses crimes. O pretenso desconhecimento dos poderes superiores é manifestamente uma mentira e uma hipocrisia.

O sr. Martin-Chauffier ficaria surpreso se soubesse que sua atitude é aqui considerada incompreensível. Na realidade, a tortura não é um meio de obter informações. Tortura-se na Argélia por perversão sádica, e essa é a única palavra válida no relatório do sr. Martin-Chauffier: "Esse sistema", diz ele, "tem por efeito perverter os que são seus instrumentos".

O sr. G. M. Mattei, que participou das expedições francesas na Argélia, acaba de publicar algumas páginas no número de julho-agosto da revista *Temps Modernes*. "Eu lembro", escre-

A *Argélia diante dos torturadores franceses*   115

veu ele, "que de tempos em tempos, quando o cinema ambulante do batalhão vinha projetar um filme para nós, e este não agradava, soldados e oficiais se levantavam e iam tranquilamente passar o final da noite na companhia dos prisioneiros... Os gritos eram parcialmente abafados pela música do filme."

O sr. Mattei se revolta contra esses atentados à dignidade e à honra dos franceses. E, naturalmente, termina seu testemunho com o já clássico argumento dos democratas franceses: "Que geração é preparada nesse caldo de cultura que é a Argélia atual...?". Pois "o mais grave", evidentemente, "é aquilo em que se transformaram, após doze meses de AFN,* esses jovens convocados com os quais passei seis meses: verdadeiros mercenários".

Não se pode encontrar melhor exemplo do que se deve chamar, sem dúvida, de perversão do senso moral. Quando os intelectuais franceses, na esteira do sr. Mattei, repetem em coro que "há atualmente na Argélia uma ampla campanha de desumanização da juventude francesa", ou lamentam que os recrutas franceses "lá aprendam o fascismo", é preciso ver que a esses humanistas só interessam as consequências morais de tais crimes para a alma dos franceses. A gravidade das torturas e execuções sumárias, o horror dos estupros de meninas argelinas são percebidos porque sua existência ameaça uma certa ideia da honra francesa.

Vale a pena meditar sobre essa atitude. Uma tal exclusão do argelino, uma tal ignorância em relação ao homem tortu-

---

* Afrique Française du Nort, ou África Francesa do Norte, era um termo utilizado para definir toda a região Norte da África ocupada pela França durante o período colonial. (N. T.)

rado ou à família massacrada, é um fenômeno inteiramente original. Ele se assemelha a certa forma de pensar egocêntrica, sociocêntrica, que se tornou característica dos franceses.

Na verdade, parece que o receio de uma contaminação moral (?) é totalmente sem sentido. Os policiais doentes não são nem um pouco atormentados por suas consciências. Se eles mantêm o ritmo profissional fora de seus gabinetes e escritórios, nesse caso salas de tortura, é por serem vítimas do excesso de trabalho. O que esses policiais exigiam era menos um apaziguamento moral do que a possibilidade de retomar as torturas.

O sistema em questão

O policial que tortura na Argélia não infringe lei alguma. Seus atos encontram abrigo na instituição colonialista. Ao torturar, ele manifesta uma verdadeira fidelidade ao sistema. Da mesma forma, os soldados franceses não podem fazer diferente sem condenar a dominação francesa. Todo francês na Argélia deve se comportar como um torturador. Se a França quiser permanecer na Argélia, não há outra solução senão manter uma ocupação militar permanente e uma estrutura policial poderosa.

As forças inimigas não podem imaginar até que ponto lhes é impossível fazer outra coisa senão evacuar o território nacional.

O povo argelino não luta contra as torturas, o estupro das meninas ou os assassinatos coletivos. A história da ocupação francesa é marcada por tais crimes. Na Cabília, até pouco

A Argélia diante dos torturadores franceses

tempo atrás assustavam-se as crianças ameaçando "chamar o Bugeaud".*

O povo argelino não ignora que a estrutura colonialista se baseia na necessidade de torturar, estuprar e massacrar.

Assim, nossa reivindicação é desde já total e absoluta.

Os policiais sádicos que perderam o sono e os soldados torturadores que "correm o risco de se transformar em fascistas" nos apresentam, a nós argelinos, um problema preciso. Como modificar nossa estratégia e intensificar nosso combate para que o território nacional seja, o mais rápido possível, libertado?

Qualquer outra consideração nos é radicalmente estranha.

---

* Thomas Robert Bugeaud, militar francês nomeado governador-geral da Argélia em 1840, que ficou famoso por suas táticas violentas. (N. T.)

3. A propósito de uma defesa[19]

PARA ALÉM DAS EXECUÇÕES ou das salas de tortura, os democratas franceses às vezes se dirigem ao povo argelino e lhe pedem para não tratar com o mesmo desprezo e o mesmo ódio os diferentes elementos que representam o povo francês.

Georges Arnaud lembra, não sem amargura, que tudo na Argélia, e principalmente a condenação à morte de uma mulher inocente e desequilibrada levada à loucura por seus carrascos, é feito em nome do povo francês.

Georges Arnaud, há três anos o povo argelino é massacrado em nome do povo francês.

Sua defesa de Djamila Bouhired é uma honra para você, mas tenha cuidado para não deixar de lado o essencial. O assassinato de Djamila Bouhired não coloca nenhum problema para o povo argelino.

O riso de Djamila Bouhired quando sua condenação à morte foi anunciada, que ninguém se iluda, não é nem uma bravata estéril nem uma demonstração de inconsciência.

Esse sorriso é muito mais a manifestação tranquila de uma certeza interior que se manteve inabalável. O povo argelino não manifestou surpresa alguma ao tomar conhecimento da condenação à morte de Djamila Bouhired. Pois não há uma família argelina que não tenha sido ferida, enlutada, dizimada em nome do povo francês.

A propósito de uma defesa 119

A mensagem de Djamila Bouhired pertence à tradição dos argelinos que tombaram por uma Argélia independente. Os soldados do exército nacional, os homens e mulheres da Argélia estão engajados, tal como Djamila Bouhired, num combate implacável contra a dominação estrangeira.

Georges Arnaud, desde então houve múltiplas Djamila Bouhired, torturadas, estupradas e massacradas em território argelino.

Haverá outras, e o povo argelino sabe disso. Sabe que a esperança do colonialismo francês é abalar a vontade nacional com tais execuções.

A característica da maioria dos democratas franceses é precisamente não se alarmar senão diante de casos individuais, capazes de arrancarem uma lágrima ou provocarem pequenas crises de consciência.

Aqui se avalia a realidade do histórico atraso da consciência francesa. A luta pelo respeito às liberdades individuais e aos direitos do Homem, tão fecunda dois séculos atrás, não chega a substituir a luta pelos direitos dos povos. Donde essa tensão diante de casos específicos e a vã esperança de atrair o interesse do povo francês para o todo a partir de situações-limite como essa.

A situação-limite não é nem Bouhired nem Zeddour, nem mesmo o estádio de Philippeville.*

A situação-limite é a vontade de 12 milhões de homens. É a única realidade. E não é passível de simplificação.

Será, Georges Arnaud, que você realmente pensa estar prestando um serviço ao povo francês ao falar de Djamila Bouhired? Mesmo que ela fosse absolvida (de quê?) e indultada, será

---

* O estádio da cidade de Philippeville, na Argélia, foi palco do massacre de dezenas de prisioneiros argelinos pelas forças francesas em 1955. (N. T.)

que a luta do povo argelino e a repressão feita em nome do povo francês mudariam de forma?

É verdade que seu livro foi escrito para um público francês. Também é verdade que existem na França, há algum tempo, hábitos fascistas pelos quais os escritores que se prezam pagam o preço. Por tudo isso, sua obra é corajosa.

Georges Arnaud, perceba, o essencial é não embaralhar as cartas. É não apresentar Djamila Bouhired como uma pobre moça vítima da maldade.

Djamila Bouhired é uma patriota argelina consciente, membro da FLN.

Ela não pede comiseração, tampouco piedade. A dignidade de Djamila Bouhired, sua extraordinária tenacidade, sua obstinação em se manter de pé, em não falar, sua preocupação de sorrir diante da morte constituem as características essenciais da atitude nacional do povo argelino.

A morte de Djamila Bouhired — e nisso você tem razão, Georges Arnaud — coloca um problema para o povo francês.

Devemos, porém, reconhecer que, decorridos três anos, não parece que esse povo tenha percebido a terrível responsabilidade que assumia perante o mundo e diante da história ao avalizar, ao participar dessa Guerra da Argélia, da qual se pode dizer que foi a maior vergonha de nossa época.

O dr. Jacques Vergès não pôde defender Djamila Bouhired. Você diz, Georges Arnaud, que faltou pouco para que ele fosse linchado por essa parcela do povo francês que reina em Argel.

Eis aqui, portanto, um novo pretexto para a revolta: os direitos à defesa, de proteção da defesa...

Como estamos longe dessa guerra que, será preciso reconhecer um dia, diz respeito a dois povos.

A propósito de uma defesa 121

Quanto a Jacques Vergès, originário da ilha da Reunião, colônia francesa, basta-nos lembrar como muitos de nós fomos espezinhados em Lyon, dez anos atrás, por nos sentirmos em pé de igualdade em relação a ele.

Dez anos atrás, centenas de trabalhadores e estudantes argelinos manifestando solidariedade a um parente do dr. Vergès, vítima de um complô colonialista na ilha da Reunião, eram espancados pela polícia e pela gendarmaria francesas.

Reunião é assim tão distante de Argel?

4. Os intelectuais e democratas franceses diante da Revolução Argelina[20]

I

Um dos primeiros deveres dos intelectuais, dos indivíduos no caso reunidos sob o termo "intelectuais", e dos democratas dos países colonialistas, é apoiar sem reservas a reivindicação nacional dos povos colonizados. Essa conduta se baseia em dados teóricos muito importantes: a defesa de uma ideia de homem contestada no Ocidente; a recusa a participar institucionalmente da degradação e da negação de certos valores; a comunidade de interesses entre as classes trabalhadoras do país conquistador e o conjunto da população do país conquistado e dominado; e, por fim, a preocupação de impor a seu governo o respeito ao direito de autodeterminação dos povos.

Esse apoio e essa solidariedade se resumiam, antes do período da luta armada, à realização de alguns encontros anuais e à votação de moções. Por vezes, depois de uma súbita repressão muito feroz, sinal de alerta para uma repressão mais sistematizada, mais global (no caso da Argélia, as eleições de Marcel-Edmond Naegelen e o complô de 1950-1), surgem campanhas de imprensa, declarações, alertas e apelos.

Cabe assinalar que não há qualquer tentativa de explicação junto ao conjunto da população do país colonialista. Como não

Os intelectuais e democratas franceses diante da Revolução Argelina 123

tem influência sobre o povo, sobre o país, a esquerda democrática, fechada sobre si mesma, acaba se convencendo, por meio de artigos ou estudos, de que Bandung* foi a sentença de morte do colonialismo. Ora, quem deve ser informado é o povo real, os camponeses e os trabalhadores. Incapaz de comentar, de explicar a milhões de operários e camponeses do povo colonialista as realidades do drama que se inicia, a esquerda democrática se vê resumida ao papel de Cassandra. Ela anuncia os cataclismos, mas, deixando de preparar a opinião pública, faz com que essas profecias, inexplicáveis no período pré-insurrecional, sejam equiparadas à cumplicidade no momento da explosão.

Uma ineficácia dolorosa

Assim, no caso particular da Argélia, depois da fase aguda pré-insurrecional (1952-3), quando se inicia o período da fase armada (sabotagens, atentados), vai-se encontrar uma esquerda desorientada e, paradoxalmente, tomada de surpresa.

Os componentes do problema são familiares para os indivíduos democráticos e os intelectuais franceses. Por tê-los visto de muito perto e havê-los estudado por um longo tempo, conhecem sua complexidade, sua profundidade e sua tensão. Mas todo esse saber se revela inútil, já que, incomensurável, não pode ser assimilado pelas ideias simples do povo.

Sobrecarregada por esse saber inútil, a esquerda goza de um status de adivinho. Por muito tempo ela repetirá aos governantes: "Vocês foram avisados, tudo isso acontece por culpa sua".

---

* Ver a Apresentação a este volume. (N. T.)

Nessa fase efervescente de alinhamento de forças e organização da luta armada do povo colonizado, assiste-se a uma espécie de quase comunicação entre o povo revoltado e os indivíduos democráticos. Pois com muita frequência os intelectuais e os democratas conheciam pessoalmente os atuais chefes da luta armada. Instala-se, assim, entre eles uma espécie de cumplicidade aparente. Muito rapidamente, contudo, essa pseudossolidariedade será desfeita pelos fatos.

Com efeito, durante a segunda fase, caracterizada por combates, emboscadas e atentados, a culpa, tão generosamente dirigida aos responsáveis oficiais, tende a se deslocar. A repressão se aprofunda, ela se organiza e se diversifica. Surgem as salas de tortura. Em todo o território nacional argelino, dezenas e centenas de patriotas são assassinados.

O povo concreto, os homens e as mulheres, as crianças e os velhos do país colonizado se dão conta sem esforço de que existir, no sentido biológico do termo, é o mesmo que existir como povo soberano. A única saída possível, a única via de salvação para esse povo é responder de forma tão enérgica quanto possível ao empreendimento genocida contra ele conduzido.

A resposta se torna cada vez mais absoluta.

O nacionalismo e a "barbárie"

É aqui que se situa um duplo fenômeno. Primeiro, uma propaganda ultrachauvinista, nacionalista, patriótica, mobilizando os elementos racistas implícitos na consciência coletiva do povo colonialista, incorpora um novo elemento. Torna-se então evidente que não é mais possível apoiar o colonizado

Os intelectuais e democratas franceses diante da Revolução Argelina   125

sem, ao mesmo tempo, opor-se à via nacional. A luta contra o colonialismo se torna a luta contra a nação. A guerra de reconquista é assumida pelo conjunto do país colonialista e os argumentos anticoloniais perdem sua eficácia, transformam-se em teorias abstratas e chegam ao ponto de desaparecer da literatura democrática.

No caso da Argélia, foi a partir de março de 1956, com a mobilização do contingente, que a nação francesa tomou em suas mãos a guerra de reconquista colonial. As manifestações dos convocados foram, nesse momento, os últimos sintomas de uma guerra considerada impopular no plano doutrinário.

A partir de 1956, a Guerra da Argélia é aceita pela nação. A França deseja a guerra, dirão explicitamente o dr. Guy Mollet e o sr. Maurice Bourgès-Maunoury; e o povo parisiense, em 14 de julho de 1957, vai expressar o grande reconhecimento da pátria aos paraquedistas torturadores do general Jacques Massu. Os liberais abandonam a luta nessa fase. A acusação de traição que espreita os adversários da Guerra da Argélia torna-se uma arma temível nas mãos do governo francês. Assim, no início do ano de 1957, pôde-se ver muitos democratas se calarem ou serem cooptados pela onda revanchista, elaborando um patriotismo elementar, mal estruturado, atormentado pelo racismo, violento, totalitário, em suma, fascista.

Ao segundo argumento do governo francês dá-se o nome de terrorismo. As bombas em Argel serão exploradas pelo serviço de propaganda. Crianças feridas, inocentes, que não se chamam Borgeaud ou que não correspondem à definição clássica de "colonialista feroz", impõem aos democratas franceses problemas inesperados. A esquerda está abalada; Sakamody reforçará esse recuo: dez civis franceses são mortos numa emboscada e toda a esquerda francesa, tomada de um sobressalto unânime, exclama: não vamos seguir com vocês. A propaganda é orquestrada, insinua-se nos espíritos e desmonta convicções já amplamente fraturadas. O conceito de barbárie entra em cena e decide-se que a França a está combatendo na Argélia.

Grande parte dos intelectuais, e quase toda essa esquerda democrática, entra em colapso e impõe ao povo argelino suas condições: condenem Sakamody e as bombas e nós manteremos nosso apoio amigável.

No início do quarto ano da guerra de libertação nacional, diante da nação francesa e em face das bombas da rua Michelet,* a esquerda francesa se torna cada vez mais ausente.

Alguns se refugiaram no silêncio, outros escolheram certos temas que, episodicamente, reaparecem. A Guerra da Argélia deve acabar porque custa caro (a Guerra da Argélia volta a ser impopular simplesmente porque custa 1,2 bilhão de francos), porque isola a França, porque fará com que o país perca seu lugar para os anglo-saxões ou os russos ou Nasser etc.

Na França, sabe-se cada vez menos por que a Guerra da Argélia deve acabar. Esquece-se cada vez mais que, na Argélia, a França espezinha a soberania popular, viola o direito de autodeterminação dos povos, assassina milhares de homens e mulheres.

A Guerra da Argélia tende a se tornar, na França, no seio da esquerda, uma doença do sistema francês, assim como a instabilidade ministerial; e as guerras coloniais, um tique nervoso da França, uma parte do panorama nacional, um detalhe costumeiro.

---

* Ação da FLN numa das principais vias "europeias" em Argel, a 30 de setembro de 1956. (N. T.)

II

A partir de 1956, os intelectuais e os democratas franceses se dirigem periodicamente à FLN. Na maioria das vezes, trata-se de conselhos políticos ou críticas a respeito de determinado aspecto da guerra de libertação. Essa atitude da intelligentsia francesa não deve ser interpretada como consequência de uma solidariedade para com o povo argelino. Esses conselhos e essas críticas se explicam pelo desejo dificilmente reprimido de guiar, de orientar o movimento de libertação do oprimido.

Assim se compreende a constante oscilação dos democratas franceses entre uma hostilidade manifesta ou latente e a aspiração totalmente irreal de militar "ativamente e até o fim". Tal confusão indica a falta de preparo para lidar com problemas concretos e a não inserção dos democratas franceses no seio da vida política doméstica de seu país.

Ao longo dessa linha de oscilação, os democratas franceses, à margem da luta ou manifestando a vontade de observá-la a partir de dentro, ou talvez de participar dela como censores, conselheiros, incapazes de ou se recusando a escolher um terreno preciso ou a lutar no interior do sistema francês, ameaçam e chantageiam.

A pseudojustificativa para essa atitude é que, por terem uma influência sobre a opinião pública francesa, devem condenar certos fatos, rejeitar as excrescências inesperadas, manter distância diante dos "excessos". Nesses momentos de crise, de confronto, pede-se à FLN para direcionar a violência e praticá-la de forma seletiva.

O mito da Argélia francesa

Nesse ponto, a reflexão nos permite descobrir uma particularidade importante da realidade colonial argelina. No seio de uma nação, é típico e banal identificar duas forças antagônicas: a classe operária e o capitalismo burguês. Num país colonial, essa distinção se revela totalmente inadequada. O que define a situação colonial é, em vez disso, o caráter indiferenciado da dominação estrangeira. A situação colonial é primeiramente uma conquista militar continuada e reforçada por uma administração civil e policial. Na Argélia, como em qualquer colônia, o opressor estrangeiro se opõe ao autóctone como limite de sua dignidade e se define como negação irredutível da existência nacional.

A condição do estrangeiro, do conquistador, do francês na Argélia é uma condição de opressor. O francês na Argélia não pode ser neutro ou inocente. Todo francês na Argélia oprime, despreza, domina. A esquerda francesa, que não pode permanecer indiferente e impermeável a seus próprios fantasmas, adota na Argélia, no período anterior à guerra de libertação, posições paradoxais.

O que é o colonialismo?

Os democratas franceses, ao decidirem chamar de colonialismo o que nunca deixou de ser uma conquista e uma ocupação militares, simplificaram deliberadamente os fatos. O termo "colonialismo", criado pelo opressor, é muito afetivo, muito emocional. É situar um problema nacional num plano psicológico. É assim que, no espírito desses democratas, o contrário do colonialismo não é, de forma alguma, o reconhecimento do direito de autodeterminação dos povos, mas a necessidade, no plano individual, de comportamentos menos racistas, mais abertos, mais liberais.

O colonialismo não é um tipo de relações individuais, mas a conquista de um território nacional e a opressão de um povo; é só isso. Não é uma forma de conduta humana ou uma modalidade de relações entre indivíduos. Todo francês na Argélia é atualmente um soldado inimigo. Enquanto a Argélia não for independente, é preciso aceitar essa consequência lógica. O sr. Lacoste entendeu a situação, o que o levou a "trazer à superfície" os franceses e francesas residentes na Argélia.

No final desta análise, percebe-se que, longe de censurar a Frente de Libertação Nacional por certas ações urbanas, deveríamos, pelo contrário, valorizar os esforços que ela impõe ao povo.

É por não haverem compreendido que o colonialismo não passa de uma dominação militar que os democratas franceses se encontram hoje no limite do paradoxo.

Vítimas do mito da Argélia francesa, os partidos de esquerda criam no território argelino seções argelinas de partidos políticos franceses. As palavras de ordem, os programas, os modos de luta são idênticos aos da "metrópole". Uma posição doutrinária, incontestada até pouco tempo atrás, justificou essa atitude. Num país colonial, dizia-se, há uma comunidade de interesses entre o povo colonizado e a classe trabalhadora do país colonialista. A história das guerras de libertação travadas pelos povos colonizados é a história da não verificação dessa tese.

O colonialismo não é o sr. Borgeaud

O povo argelino mostra-se refratário ao imaginário simplista segundo o qual o colonialista é um tipo de homem particular, facilmente reconhecível. Foi assim que se sugeriu que nem todos os franceses na Argélia são colonialistas, ou que se descreveram os graus do colonialismo. Ora, nem o sr. Henri Borgeaud nem o sr. Alain de Sérigny caracterizam totalmente o colonialismo francês na Argélia. O colonialismo francês, a opressão francesa na Argélia formam um todo coerente que não requer necessariamente a existência do sr. Borgeaud. A dominação francesa é a totalidade das forças que se opõem à existência da nação argelina, e para a Argélia, de forma concreta, o sr. Georges Blachette não é mais "colonialista" que um agente de polícia, um guarda-florestal ou um professor.

O argelino sente plenamente o colonialismo francês não por simplismo ou xenofobia, mas porque, de fato, todo francês na Argélia mantém com o argelino relações baseadas na força. A evocação de casos particulares de franceses anormalmente gentis com os argelinos não modifica a natureza das relações entre um grupo estrangeiro que monopolizou os atributos da soberania nacional e o povo que se encontra privado do exercício do poder. Nenhuma relação pessoal pode contradizer esse dado fundamental: que a nação francesa, por intermédio de seus cidadãos, se opõe à existência da nação argelina.

Nas colônias de enquadramento,* o povo colonialista é representado por soldados, policiais e técnicos. Nessas condições,

---

* Colônias em que os nativos constituíam a maioria da população mas o comando estava nas mãos de europeus. (N. T.)

Os intelectuais e democratas franceses diante da Revolução Argelina   131

ele pode se refugiar na ignorância dos fatos e se declarar inocente em relação à colonização. Nas colônias de povoamento, essa fuga diante de si mesmo torna-se impossível. Porque, segundo a célebre frase de um chefe de Estado francês, "não existe um francês que não tenha um primo na Argélia": toda a nação francesa se encontra envolvida no crime contra um povo e é, hoje, cúmplice dos assassinatos e das torturas que caracterizam a Guerra da Argélia.

O democrata francês autêntico não deveria se opor ao sr. Borgeaud ou ao sr. Blachette, deve evitar escolher arbitrariamente quaisquer bodes expiatórios que não dão conta de exprimir os 130 anos de opressão colonialista. O democrata francês deve julgar e condenar a colonização como um todo, enquanto categoria de opressão militar e policial. É preciso convencer-se de que todo francês na Argélia reage como o sr. Borgeaud. Pois não há na Argélia um francês cuja própria existência não seja justificada por essa dominação.

Como não pode adotar essa atitude, por falta de coragem ou deficiência de análise, o democrata francês apela constantemente a abstrações: o colonialismo em geral está morrendo, o colonialismo é desumano, a França deveria manter-se fiel a sua história, esquecendo assim, estranhamente, que o colonialismo constitui uma parte importante da história francesa.

O colonialismo organiza a dominação de uma nação após a conquista militar. A guerra de libertação não é uma reivindicação de reformas, mas o esforço grandioso de um povo que foi mumificado para reencontrar seu gênio, para retomar as rédeas de sua história e se estabelecer como soberano.

Alguns franceses, na OTAN, recusam-se a servir sob as ordens de Speidel, general alemão, mas aceitam lutar contra o povo argelino. Ora, a rigor, a fidelidade ao espírito da resistência francesa exigiria que os franceses aos quais repugna servir sob o comando Speidel se recusassem, por coerência consigo mesmos, se fossem coerentes, a lutar sob o comando de Massu ou Salan.

III

Evidentemente, os governantes franceses têm razão quando afirmam que o problema argelino abala as próprias bases da República. Depois de alguns anos, o mito da Argélia francesa tem sido submetido a uma árdua prova e, na consciência francesa, instalou-se certa dose de incerteza quanto à veracidade dessa tese.

No plano internacional, foi possível registrar as repercussões dessa destruição. Esses progressos, contudo, não resolveram totalmente o problema da mistificação engendrada por décadas de ensino enganoso e de falsificação histórica sistematizada.

O preço da mistificação

Quando as relações colonialistas entre a Argélia e a França são analisadas de perto, percebe-se que o território argelino, pelas próprias características de sua conquista, sempre representou para a França um prolongamento mais ou menos real. Em momento algum a França demonstrou em termos similares seu direito de propriedade sobre a África Negra ou qualquer outra parte do "Império Francês". Decretou-se que a África era uma terra francesa, mas jamais se decidiu que essa região fizesse parte da França.

O direito da França na África dizia respeito principalmente a um direito de propriedade, enquanto na Argélia, desde o princípio, foram afirmadas relações de identidade. Vimos que os democratas franceses, com raras exceções, adaptaram sua atitude a essa ótica. Os partidos políticos franceses não esconderam a necessidade que tinham de obedecer a essa mistificação. O sr. Laurent Casanova, num discurso dirigido aos estudantes comunistas em 17 de março de 1957, em Paris, respondendo às críticas dessa juventude à postura do Partido Comunista Francês em face do problema argelino, justificou-se pedindo que levassem em conta "a atitude espontânea das massas populares francesas em relação à questão".

Porque durante 130 anos a consciência nacional francesa foi elaborada a partir de um princípio de base simples — a Argélia é a França —, nos deparamos hoje, no momento em que grande parte do povo francês se dá conta racionalmente de que seu interesse é pelo fim da guerra e o reconhecimento de um Estado argelino independente, com reações instintivas, passionais, anti-históricas.

Nunca o princípio de que ninguém escraviza impunemente foi tão verdadeiro. Depois de ter domesticado por mais de um século o povo argelino, a França se vê prisioneira de sua conquista e incapaz de se livrar dela, de definir novas relações, de assumir novas orientações.

Uma barganha odiosa

O grande erro, aliás, seria acreditar que o problema se esgota nessas considerações psicológicas. Os confrontos com os representantes da esquerda francesa trazem à tona preocupações bem mais complexas. É assim que, quanto à questão precisa do futuro da Argélia independente, nós nos encontramos diante de duas exigências contraditórias, que retomam, aliás, num plano mais elevado, a concepção maniqueísta do bem e do mal que já há alguns anos divide o mundo.

A esquerda não comunista nos garante seu apoio e promete intervir, mas nos pede para lhe garantirmos que a Argélia jamais cairá no bloco comunista ou naquele dito neutralista. O anticolonialismo desses democratas não é, portanto, incondicional e sem reservas, mas pressupõe uma escolha política precisa. Claro, não lhes faltam argumentos. Trocar o colonialismo francês pelo "colonialismo" vermelho ou nasserista lhes parece uma operação negativa, pois, afirmam, nesse contexto dos grandes blocos um alinhamento se faz obrigatório, e seus conselhos são explícitos: deve-se escolher o bloco ocidental.

Essa esquerda não comunista é em geral reticente quando lhe explicamos que, no momento, trata-se, para o povo argelino, primeiro de se libertar do jugo imperialista francês. Recusando-se a se manter no plano estrito da descolonização e da libertação nacional, a esquerda francesa não comunista nos exorta a justapor os dois esforços: rejeitar o colonialismo francês e o comunismo soviético-neutralista.

O mesmo problema, numa dinâmica inversa, se dá com a esquerda comunista francesa. O Partido Comunista Francês, diz ela, só pode apoiar determinados movimentos de libertação nacional, pois que interesse teria para nós, comunistas franceses, a irrupção do imperialismo americano na Argélia? Aqui, mais uma vez nos pedem garantias, querem nos arrancar promessas. Exigem condições.

Os intelectuais e democratas franceses diante da Revolução Argelina   135

Tais dificuldades atrapalham a ação anticolonialista da esquerda francesa. A Argélia ainda não independente já é objeto de lutas de influência no plano internacional; para quem se vai, então, libertá-la? Há três anos o povo argelino não para de repetir que quer libertar-se para si mesmo, que o que importa para ele é primeiro reconquistar sua soberania, consolidar sua autoridade, alcançar sua humanização, sua liberdade econômica e política; mas parece que essas evidências não são aceitáveis.

O povo argelino sofre terrivelmente para o nascimento de sua independência, mas já se regateia, e com uma agressividade incomum, qualquer mínima parcela de apoio. Assim, não é raro ouvir certos democratas franceses nos dizerem: ajudem-nos a ajudá-los. O significado claro é: falem-nos um pouco mais sobre para onde pretendem ir depois.

Essa intimação, que sempre está presente no plano individual entre franceses e argelinos, é certamente um dos aspectos mais dolorosos da luta pela independência. Alguns democratas franceses ficam às vezes chocados com a sinceridade do combatente argelino. É que o caráter total da guerra que travamos repercute na maneira não menos radical com que temos de vivenciar as trocas individuais. E precisamos confessar que nos é insuportável ver certos franceses que acreditávamos serem nossos amigos se comportarem conosco como comerciantes, praticando esse tipo de chantagem odiosa que é a solidariedade acompanhada de restrições fundamentais a nossos objetivos.

Uma discordância fundamental

Quando se analisa a atitude da esquerda francesa em relação aos propósitos de nossa luta, percebe-se que nenhuma parcela admite a eventualidade de uma verdadeira libertação nacional.

A esquerda não comunista aceita que o estatuto colonial deve ser revogado. Mas, entre a extinção do regime colonial — reduzido, nesse caso, a um regime preferencial, com uma luta de castas no interior de um todo — e o reconhecimento de uma nação argelina, independente da França, essa esquerda interpôs uma multiplicidade de etapas, de subfases, de soluções originais, de compromissos.

Está claro que, para essa parte da esquerda, o fim da Guerra da Argélia deve resultar numa espécie de federalismo interno e numa União Francesa renovada. Nossa discordância dessa opinião não é, portanto, nem de ordem psicológica, nem tática, como pretendem alguns. Os radicais de esquerda, os socialistas minoritários e os MRP [Mouvement Républican Populaire] de esquerda não aceitaram a ideia de uma independência argelina. Assim, posições do tipo "estamos de acordo com a essência, mas não com os métodos" são radicalmente falsas.

A esquerda comunista, por sua vez, embora proclamando a necessária evolução dos países coloniais rumo à independência, exige a manutenção de laços particulares com a França. Tais posições deixam claro que mesmo os partidos ditos extremistas consideram que a França tem direitos na Argélia e que o fim da dominação não deve ser acompanhado obrigatoriamente pelo desaparecimento de todos os laços. Essa disposição de espírito

Os intelectuais e democratas franceses diante da Revolução Argelina 137

é apresentada sob a forma de um paternalismo tecnocrático e de uma ameaça de retrocesso.

Sem laços com a França, conjecturam, o que vocês vão fazer? Vão faltar técnicos, divisas, máquinas...

Até o quadro catastrófico de uma Argélia devorada pelo deserto, infestada de pântanos e devastada por doenças é mobilizado para nos fazer refletir.

Em sua propaganda, os colonialistas dizem ao povo francês: a França não pode viver sem a Argélia.

Já os anticolonialistas franceses dizem aos argelinos: a Argélia não pode viver sem a França.

Os democratas franceses nem sempre percebem o caráter colonialista ou, para empregar um novo conceito, neocolonialista de sua atitude.

A exigência de laços particulares com a França tem a ver com o desejo de manter intactas as estruturas coloniais. Trata-se de uma espécie de terrorismo da necessidade a partir do qual se decide que nada de valioso poderá ser concebido ou realizado na Argélia sem a participação da França. Com efeito, a reivindicação de laços particulares com a França remete à vontade de manter a Argélia eternamente na condição de Estado menor e protegido, além de garantir certas formas de exploração do povo argelino. É, sem dúvida, dar provas de uma grave incompreensão das perspectivas revolucionárias da luta nacional.

Seria tarde demais?

É preciso que os democratas franceses superem as contradições que esterilizam suas posições, se desejam realizar uma autêntica democratização com os colonialistas. É na medida em que a opinião democrática francesa não tenha reticências que sua ação poderá ser eficaz e decisiva.

Como a esquerda obedece inconscientemente ao mito da Argélia francesa, sua ação se contenta em ter como objetivo uma Argélia onde reinassem a justiça e a liberdade, ou, no máximo, uma Argélia governada menos diretamente pela França. O chauvinismo passional da opinião francesa sobre a questão argelina pressiona essa esquerda, inspira-lhe uma prudência excessiva, abala seus princípios e a coloca numa posição paradoxal e estéril.

O povo argelino avalia que a esquerda francesa não fez tudo que devia ter feito em relação à Guerra da Argélia. Não se trata, para nós, de acusar os democratas franceses, mas de chamar sua atenção para certas atitudes que nos parecem opostas aos princípios do anticolonialismo.

Talvez não seja inútil lembrar a atitude da Internacional Socialista a respeito dessa questão. Todos sabem que, em 1956, a delegação francesa, liderada pelo sr. Christian Pineau, foi ali condenada e que o sr. Aneurin Bevan, em 1957, durante o congresso socialista de Toulouse, exprimiu publicamente sua decepção e sua cólera diante do racismo e do colonialismo da SFIO [Section Française de l'Internationale Ouvrière, o partido socialista francês].

Desde 1954, o povo argelino luta pela independência nacional. Trata-se de um território que foi dominado por mais de um século e que agora exprime sua vontade de se constituir como nação soberana. A esquerda francesa deve apoiar integralmente esse esforço. Nem a presença de uma minoria europeia nem Sakamody pode ou deve corroer a determinação de uma esquerda autêntica. Vimos que a propaganda do sr.

Lacoste não para de afirmar que, na Argélia, a França combate a barbárie. A esquerda deve mostrar-se impermeável a essa campanha e exigir o fim da guerra e o reconhecimento da independência argelina.

Ocorre que, como vimos, alguns democratas obedecem ao seguinte raciocínio: se vocês querem que nossa ajuda continue, condenem tais e tais atos. Assim, a luta de um povo por sua independência deve ser diáfana caso queira beneficiar-se do apoio dos democratas.

Paradoxalmente, reencontra-se aqui a atitude do sr. Guy Mollet, que, para continuar sua guerra, designa uma comissão de salvaguarda com a missão de apontar os "excessos", isolando espetacularmente os maus soldados do bom, justo e fecundo exército francês.

As tarefas da esquerda francesa

A FLN se dirige a toda a esquerda francesa e lhe pede, neste quarto ano de luta, que se engaje concretamente no combate pela paz na Argélia.

Em momento algum se pediu aos democratas franceses que se juntassem às nossas fileiras ou traíssem seu país. Sem renegar sua nação, a esquerda francesa deve lutar para que o governo de seu país respeite os seguintes valores: o direito de autodeterminação dos povos, o reconhecimento da vontade nacional, a eliminação do colonialismo e as relações recíprocas e fecundas entre povos livres.

A FLN se dirige à a esquerda francesa, aos democratas franceses, e lhes pede para estimularem todas as greves organizadas pelo povo francês contra o aumento do custo de vida, os novos impostos, a restrição às liberdades democráticas na França, consequências diretas da Guerra da Argélia.

A FLN pede à esquerda francesa que reforce suas ações informativas e continue a explicar às massas francesas as características da luta do povo argelino, os princípios que a anima, os objetivos da Revolução.

A FLN saúda os franceses que tiveram a coragem de recusar pegar em armas contra o povo argelino e que ora se encontram presos.

Tais exemplos devem multiplicar-se para que se torne claro para todo mundo, e em primeiro lugar para o governo francês, que o povo da França recusa essa guerra feita em seu nome contra o direito dos povos, pela manutenção da opressão, contra o reinado da liberdade.

5. Nas Antilhas, o nascimento de uma nação?[21]

NO DIA 3 DE JANEIRO DE 1958, as "Antilhas Britânicas" deixaram de existir, dando lugar a uma "Federação das Índias Ocidentais", destinada a se tornar — como Gana, por exemplo — um domínio no seio da Commonwealth.

Portanto, uma colônia acaba de obter sua autonomia interna, com a promessa de independência, no arquipélago das Antilhas.

Qual o significado desse acontecimento para os povos de uma das regiões do globo há mais tempo marcadas pelo colonialismo?

O rei açúcar

O arquipélago das "Caraíbas", como também se denominam as Antilhas (a partir do nome de seus primeiros habitantes, os índios caraíbas, todos mortos, primeiras vítimas da exploração branca dessa região), é constituído por uma miríade de ilhas, algumas grandes, outras minúsculas, que se alinham entre a América do Norte e a América do Sul. Dominam, assim, a passagem para o canal do Panamá, linha de comunicação essencial para a América.

Toda a sua história foi marcada por sua localização, numa área de clima tropical, e pela riqueza de seu solo, que as torna particularmente propícias à produção de cana-de-açúcar.

Quando os europeus descobriram a América, o açúcar de beterraba ainda não era conhecido: a posse dessas terras açucareiras se tornava uma fonte de riquezas, e cada potência queria ter a "sua" Antilha. Espanhóis, ingleses, franceses, holandeses organizaram em seus respectivos domínios a produção e a exploração do açúcar de cana em benefício exclusivo da "metrópole".

Havia um problema, o da mão de obra: os índios caraíbas não aguentaram o trabalho extremamente duro que lhes era exigido nas plantações. E logo o "tráfico de negros" foi o meio empregado para substituí-los: carregamentos inteiros de escravos "importados" da África em condições pavorosas eram despejados sobre as Antilhas.

Durante séculos, a mão de obra negra foi assim capturada, vendida, comprada, aprisionada e obrigada a trabalhar como se fosse gado, trabalho esse do qual os Estados europeus tiravam todos os benefícios por intermédio dos grandes proprietários, dos fazendeiros brancos, dos comerciantes, dos importadores dos portos da Europa.

Da mesma forma, diante do poder extraordinário dos fazendeiros brancos, a abolição da escravatura no século xix se mostrou incapaz de garantir uma melhoria real da situação dos trabalhadores negros. Estes tiveram de continuar sendo trabalhadores agrícolas nas plantações e, ainda hoje, suas casas miseráveis são vizinhas à mansão luxuosa do fazendeiro.

"A abolição da escravatura deixou o novo liberto igualmente dependente e à mercê do rei açúcar que antes o possuía como escravo." (Eric Wiliams)

Nas Antilhas, o nascimento de uma nação?

A "realeza do açúcar", forma antilhana do colonialismo, fez dessas ilhas, antes florescentes, uma das regiões "subdesenvolvidas" do mundo.

Cultura exclusiva de um produto destinado à exportação em lugar de culturas voltadas à produção de víveres; ausência de industrialização; carestia (pois tudo deve ser importado da metrópole, situada a 7 mil quilômetros, ou da América do Norte, no mínimo); concentração de terras nas mãos de alguns grandes proprietários onipotentes sobre os trabalhadores e suas administrações; miséria dos camponeses sem terra, reduzidos ao desemprego, cada vez mais numerosos devido a um forte crescimento demográfico; tentativas de emigração para o estrangeiro (porto-riquenhos para os Estados Unidos, jamaicanos para a Inglaterra) ou reagrupamento nas favelas dos subúrbios; analfabetismo, desnutrição, doenças.

Miséria de todos os colonizados, terrivelmente agravada por um racismo odioso, talvez a sequela mais cruel da escravidão, que opôs entre si brancos, negros e também mulatos. Miséria contra a qual a luta é especialmente difícil devido aos particularismos criados por quatro séculos de colonização.

Colônias justapostas

Pois essas ilhas que têm, grosso modo, o mesmo clima, a mesma população, os mesmos problemas econômicos e sociais foram modeladas por diferentes senhores. Os jamaicanos falam inglês ou um patoá nele baseado, leem livros em inglês, consomem produtos ingleses, frequentam (quando podem) universidades ou fábricas inglesas e lutam contra o poder inglês.

Os porto-riquenhos, em sua maioria de origem branca, são muito ligados à língua de sua antiga metrópole, a Espanha, mesmo quando emigram para a América do Norte.

Os antilhanos da Martinica e de Guadalupe, "Departamento de Ultramar", sofrem há séculos a política de assimilação tão cara à França, que tende a destituí-los sistematicamente de sua personalidade, ao ponto de alguns dentre eles serem admitidos como funcionários franceses nas outras colônias.

Se Aimé Césaire pôde falar "de uma espécie de gueto insular" entre as diferentes ilhas, isso significa que a solidariedade antilhana, inscrita nos fatos e nos sentimentos dos antilhanos mais conscientes, ainda está longe de se traduzir na vida cotidiana e mesmo na luta de emancipação: cada uma deve primeiro adaptar seu esforço ao inimigo particular que precisa vencer.

Em todas as Antilhas, o movimento de libertação econômica e política do século XIX se inseriu num renascimento cultural de múltiplas formas — tomada de consciência sobre a história antilhana, resgate das tradições populares, redescoberta dos cultos africanos como forma de resistência à opressão ocidental e cristã (ao "cristianismo forçado"), aceitação do passado escravista, orgulho de pertencer à raça negra.

Esse renascimento manifesta-se atualmente, com muito vigor, no plano intelectual, no Haiti, nas Antilhas Francesas e nas Antilhas Britânicas, onde, precisamente, uma linguagem comum, o "créole" (mistura de francês, inglês, espanhol e dialetos africanos), constitui um vínculo e um melhor meio de expressão da consciência antilhana.

Quanto às reivindicações, elas são tão mais enérgicas quanto mais a opressão colonial e a opressão racial agravam a opressão social na maior parte das ilhas.

Nas Antilhas, o nascimento de uma nação? 145

A federação das índias ocidentais, futuro domínio

Na Jamaica: os trabalhadores da indústria açucareira se organizam a partir de 1920, tendo por líder Alexander Bustamante. Em 1938, uma revolta é reprimida pelo exército. Nessa época surge um partido político, o People's National Party (PNP), impulsionado por um advogado, Norman Manley. O PNP é o mais poderoso partido político de união nacional; enquanto Bustamante, um demagogo, assume uma postura ditatorial em seu sindicato (do qual é "presidente vitalício"!), uma nova central, vinculada ao PNP, é criada.

Em 1954, o partido de Manley é majoritário no país e na Assembleia: um expurgo no seio do partido extirpa a ala esquerda, que contava com alguns marxistas e, sobretudo, com sindicalistas.

A partir daí, Norman Manley, chefe do governo da Jamaica, evolui para o reformismo; cria uma terceira central sindical e concebe transformações econômicas superficiais com a ajuda dos Estados Unidos, no exterior, e dos fazendeiros "nacionais", internamente. Mas o PNP prossegue sólido e majoritário. Manley é um dos políticos do Caribe que "pensa de forma antilhana". Para ele, uma nação antilhana nasceu, a federação inglesa não passa de uma etapa. O estatuto de domínio será a segunda etapa, permitindo divisar uma confederação trilíngue, de todas as Antilhas. Manley permanece tendo apoio majoritário na Jamaica porque exprime a consciência nacional antilhana: a ideia de uma nação antilhana progride com força na consciência popular.

Em Trinidad: a presença de jazidas de petróleo provocou uma industrialização que é singular nas Antilhas.

Em 1919, surgem as primeiras greves de estivadores e tem início um grande movimento de reivindicação política, estimulado por um colono branco: o "capitão" Arthur Cipriani, que viria ser o prefeito de Port of Spain, a capital.

Em fevereiro de 1935, novos problemas. Em 1937, uma marcha da fome em Port of Spain transforma-se numa verdadeira sublevação, logo esmagada pelo exército inglês. Mas é organizado um sindicato sob o impulso de um líder ativo de nome Butler, e hoje a Oil Workers Trade Union (Sindicato dos Trabalhadores do Petróleo) tem um lugar importante na organização econômica da ilha.

A partir de 1955, Eric Williams organizou, seguindo o modelo do PNP jamaicano, um People's National Movement (PNM) que, em setembro de 1956, obteve maioria absoluta nas eleições; apesar disso, Williams foi expulso e o PNM não está mais no poder; sua primeira reivindicação é a autonomia interna com sufrágio universal.

Em Barbados: o exemplo da sublevação de 1937 em Trinidad foi contagioso: Clément Payne organiza os primeiros sindicatos. Em 1945, novos problemas, o incêndio de uma colheita de cana-de-açúcar. Há dois movimentos desde a guerra: o poderoso Sindicato dos Trabalhadores em Plantações Açucareiras e um partido político socializante, atualmente no poder graças à abolição, após 1950, do bicameralismo (a câmara superior era reservada aos brancos). O sufrágio universal levou à presidência Grantley H. Adams, advogado e líder sindical, mas a relativa autonomia da ilha é limitada pelos poderes políticos que o governador inglês mantém e pelo domínio econômico exercido pelos fazendeiros brancos.

Nas Antilhas, o nascimento de uma nação? 147

Hoje, Jamaica, Trinidad, Barbados e outras pequenas ilhas, cada qual com seu estatuto, constituem uma federação. A Inglaterra, sob pressão das forças de emancipação locais e com receio de uma contaminação marxista advinda da Guiana Inglesa (onde o dr. Cheddi Berret Jagan é presidente desde 1957), reconheceu a existência de uma nação antilhana. Está aberto o caminho para a independência, e a confederação continua a ser a perspectiva tanto de Manley, um trabalhista muito moderado, quanto do jovem Eric Williams.

Em 25 de março próximo, as eleições, com base no sufrágio universal, para o Parlamento Federal irão traduzir a nova realidade.

O restante do arquipélago

Haiti: o Haiti é resultado da separação da antiga colônia francesa de São Domingos em duas partes: a República Dominicana, a leste, onde se reúnem os brancos, e o Haiti, a oeste, com pessoas de cor.

As Antilhas Francesas, Departamentos de Ultramar: a evolução política acelerada de Martinica e Guadalupe data de 1944.

Elas confiaram na "França da Libertação" para lutar contra o poder político-econômico da "plantocracia açucareira". A população, que votava nos socialistas ou nos comunistas, tinha como principal reivindicação a igualdade social; assim, os líderes fizeram o jogo da "departamentalização".

Os fazendeiros continuam poderosos, os trabalhadores continuam mal pagos, a legislação social e os abonos de família são bem menos vantajosos que na França; a vida é muito cara devido à união aduaneira, que obriga a importar tudo da França; o país não é industrializado, a juventude não é totalmente escolarizada. A fraude eleitoral, por um lado, e a incapacidade dos seis deputados antilhanos, perdidos na Assembleia Nacional francesa, por outro, tornam ilusórios os direitos políticos em princípio vinculados ao título de cidadão francês.

"Nós nos tornamos departamentos franceses, mas continuamos mergulhados numa terrível miséria. Logo, a aparência jurídica não é nada", concluem Aimé Césaire e, com ele, as "Antilhas Francesas".

As Antilhas Holandesas: ilhas de pouca importância onde, nas palavras da rainha Guilhermina, em 1954, "o colonialismo desapareceu". Com efeito, para uma população muito diversa de 180 mil habitantes, o colonialismo "enfraqueceu", mas não desapareceu; as ilhas gozam de "autonomia", seu parlamento é eleito por sufrágio universal, mas continuam sendo propriedades da Coroa, e o "Governador do Reino" nomeia magistrados e administradores.

Rumo a uma confederação caribenha

Essa é, num rápido esboço, a evolução política atual das Antilhas na rota da independência.

Uma consciência nacional antilhana nasceu: aqui e ali, produzem-se fissuras nos velhos quadros, mas uma revolução total e generalizada não parece possível nem necessária de imediato.

Nessa situação, os líderes políticos consideram mais sensato que cada povo comece a obter sua independência no quadro em que se encontra, para que a federação de todas as Antilhas

Nas Antilhas, o nascimento de uma nação?

não seja uma construção rápida, superficial e frágil, mas uma confederação de Estados responsáveis, decididos a se ajudarem e a defenderem mutuamente sua liberdade.

Alguns números

Estados independentes:

Cuba	6 milhões de habitantes
Haiti	3,5 milhões de habitantes
República Dominicana	2,3 milhões de habitantes

Colônias ou "possessões":

Antilhas Francesas (sobretudo Martinica e Guadalupe)	600 mil habitantes
Antilhas Holandesas (Curaçao)	180 mil habitantes
Porto-Rico (EUA)	2,5 milhões de habitantes
Antilhas Inglesas	3 milhões de habitantes
Jamaica	1,7 milhão de habitantes
Trinidad	800 mil habitantes
Barbados	300 mil habitantes
Ilhas do Vento e Ilhas de Sotavento	200 mil habitantes

Jacques Roumain, poeta haitiano, morto em 1945:

E muito bem
Aqui estamos
Os negros

Os niggers
Os negros sujos
Não aceitamos mais
É simples
Acabou
Estar na África
Na América
Seus negros
Seus niggers
Seus negros sujos
... Não aceitamos mais
Isso os espanta
Dizer: sim, sinhô
Engraxando suas botas
Sim, sinhô padre
Aos missionários brancos
Sim, patrão
Colhendo para vocês
A cana-de-açúcar
O café
O algodão
O amendoim
Na África
Na América
Como bons negros
Como pobres negros
Que nós fomos
*Que não seremos mais...**

---

* Trecho do poema "Sales nègres". Fanon o citou saltando, claramente por engano, o quarto verso, que reinserimos aqui. (N. T.)

6. O sangue magrebino não correrá em vão[22]

HÁ POUCO MAIS DE UM ANO, quando foi anunciada a interceptação do avião em que os representantes da FLN haviam embarcado para ir à conferência magrebina de Túnis, puderam-se ver nas ruas de Argel ou de Paris franceses abraçando-se com alegria e entusiasmo.

Em 8 de fevereiro de 1958, na véspera da chegada a Túnis de Sua Majestade Mohammed V, convidado pelo presidente Habib Bourguiba para esclarecer a situação argelina, uma frota aérea composta por 25 aviões lançou sobre a aldeia de Sakiet Sidi Youssef uma mistura de bombas, foguetes e balas de metralhadora, matando quase cem civis, ferindo mais de duzentos e destruindo quase totalmente a aldeia.

As diferentes incursões das forças francesas sobre o território da Tunísia, durante as quais dezenas de tunisianos foram mortos, haviam desencadeado a indignação do povo. A cada uma dessas incursões, tunisianos e tunisianas tomavam consciência do caráter precário de sua independência. Essa precariedade tinha raízes primeiramente no conflito franco-argelino, depois na instalação de forças militares francesas no território nacional. Várias vezes o presidente Bourguiba solicitara ao governo francês a abertura de negociações para a evacuação de suas tropas, e a cada uma delas os responsáveis franceses provocavam incidentes, criavam tensão e adiavam a discussão sobre a saída do exército francês. Com Sakiet Sidi Youssef, o povo tunisiano se convenceu não apenas de que os franceses pretendem punir sua solidariedade para com o povo argelino, mas que esperam ainda usar essa solidariedade como pretexto para reconquistar a Tunísia, provando assim, de uma vez por todas, que o Magrebe é um só e deve ser dominado pelo imperialismo francês.

Foi por isso que os tunisianos e tunisianas não precisaram exibir sua cólera ou proclamar sua determinação. Durante quatro dias, com uma calma impressionante, o povo enfrentou seu destino. E, após haver previsto todos os riscos que ameaçam um povo que insiste em continuar livre, decidiu que Sakiet Sidi Youssef seria o último gesto do colonialismo francês na Tunísia. O que significa que, durante esses quatro dias de reflexão, tunisianos e tunisianas, defrontados mais uma vez com uma opção fundamental, reafirmaram seu juramento, feito muitos anos atrás, de extirpar desse país as últimas sequelas do colonialismo francês. O que também quer dizer que o povo tunisiano apoiou o presidente Bourguiba quando este decretou estado de emergência. A palavra de ordem, o princípio vital hoje em dia para o povo tunisiano, é a evacuação total dos invasores colonialistas franceses do território nacional.

Ainda não se refletiu o suficiente sobre o encontro rigoroso dos dois termos mais utilizados depois de 8 de fevereiro: "evacuação" e "armas". O povo tunisiano não ignora que os franceses não estão prontos a deixar suas casernas "gentilmente". Os tunisianos sabem que, mais uma vez, será preciso empurrar os soldados franceses ao mar.

Disseram que as barreiras na estrada eram débeis, frágeis, simbólicas. Ironizou-se a presença de rifles de caça e de jovens

O sangue magrebino não correrá em vão 153

neodesturianos* desarmados; os jornalistas franceses credenciados em Túnis não param de demonstrar o caráter ineficaz e, em suma, ilusório das medidas tomadas pelo povo tunisiano. Ora, há um raciocínio que se mostra nulo nos países coloniais. É o raciocínio das coronhas ou tanques. Mas já há muito tempo o argumento da autoridade sucumbiu em todos os países coloniais.

O povo tunisiano assumiu perante seu país e sua bandeira o compromisso de não abandonar as ruas, de não descansar até que o último soldado seja evacuado do território nacional. É preciso que todos os franceses saibam disso. Não é mais possível que tropas estrangeiras, inimigas, que colocam em perigo o regime interno e os fundamentos da nação, permaneçam no país contra a vontade popular.

Na França, muitas pessoas se abraçaram. Os jornais franceses cuja vendagem é superior a 1 milhão de exemplares têm avaliado que os tunisianos não tiveram mais do que mereceram, que tanto pior para Bourguiba e que, pensando bem, esse foi apenas o começo. Deve-se reconhecer que nos meios oficiais as primeiras reações expressaram um certo mal-estar. O sr. Pineau concedeu uma famosa entrevista de caráter dúbio, enquanto o sr. Félix Gaillard ficou subitamente gripado.

Mas essa hesitação logo daria lugar à mais extraordinária exibição de agressividade e belicismo que se viu em muito

---

* Referente ao nacionalista Novo Partido Constitucional Liberal tunisiano, conhecido como Neo-Destour, fundado por Habib Bourguiba, que presidiu o país de 1957 a 1987. (N. T.)

tempo. Diante do parlamento, o sr. Gaillard jogou a responsabilidade sobre o sr. Bourguiba e o sr. Pineau não hesitou em ameaçar a Tunísia com a esquadra francesa de Toulon se as tropas continuassem a ser tolhidas em seus movimentos.

Em Argel, os franceses incitam o governo a realizar seus ataques de represália e, em todo caso, estimam que a aviação francesa não vai tolerar mais os insultos à sua bandeira.

Certamente, houve na França quem lamentasse o que se passou em Sakiet Sidi Youssef, mas esses lamentos são circunstanciais. É um erro, pôde-se dizer. Uma falta. Alguns insistiram no caráter inoportuno da coisa. Outros, que se devia dar mais atenção à Cruz Vermelha etc. Existem, enfim, outros lamentos que são sinceros, mas de uma sinceridade infelizmente ineficaz.

De todo modo, o que o povo tunisiano reivindica não são lamentos. O que os tunisianos e tunisianas demandam não são indenizações às vítimas de Sakiet Sidi Youssef; homens, mulheres e crianças tombaram sob os golpes do colonialismo para que o Magrebe unificado viva em independência e liberdade.

A decisão do governo da Tunísia de denunciar o crime de Sakiet perante o Conselho de Segurança [da onu] exprime a profundidade da vontade tunisiana.

Como agora está provado aos olhos da opinião pública internacional que o exército francês, notório pelas pilhagens ou massacres de civis, pretende servir como meio de pressão sobre o governo tunisiano ameaçando constantemente a independência nacional, cabe ao Conselho de Segurança dizer se aceitará que um exército estrangeiro ocupe um país contra a vontade deste.

A opinião mundial, em sua imensa maioria, não hesitou em condenar a agressão francesa. Os americanos, escravos de sua

O sangue magrebino não correrá em vão

loucura maniqueísta, temem, depois de oito dias, que a Tunísia possa "afundar no nasserismo". E os jornalistas americanos são vistos interrogando, à direita e à esquerda, sobre os riscos dessa reviravolta.

É preciso que os americanos saibam que, se querem lutar contra o comunismo, devem, em certos setores, adotar atitudes comunistas. Para os povos coloniais subjugados pelas nações ocidentais, os países comunistas são os únicos que, em todas as ocasiões, partiram em sua defesa. Os países coloniais não devem se preocupar em saber se essa atitude é ditada pelos interesses da estratégia comunista, mas considerar principalmente que esse comportamento geral vai ao encontro de seus próprios interesses.

Os povos coloniais não são especialmente comunistas, mas irredutivelmente anticolonialistas.

Não escolherão os Estados Unidos por temer o comunismo, mas porque sua atitude diante dos grandes problemas que perturbam o mundo contemporâneo, nesse caso os problemas da descolonização, estará em conformidade com um espírito de solidariedade, de equidade e de justiça autêntica.

O povo argelino, malgrado o que pensa quem tem o espírito e o coração doentes, não se regozija pelo fato de Sakiet Sidi Youssef ter sido bombardeada. Não tentamos explorar esse acontecimento. Somos fundamentalmente contra a política do quanto pior, melhor. É com emoção e dor que nós tomamos conhecimento da abominável matança de Sakiet Sidi Youssef.

A morte de homem algum é indispensável para o triunfo da liberdade. Ocorre que é preciso aceitar o risco da morte para que a liberdade nasça, mas não é com o coração leve que se assiste a tantos massacres e ignomínias. Ainda que o povo argelino enfrente a experiência cotidiana dos B-26 franceses, ele ficou abalado com a tragédia de Sakiet Sidi Youssef.

O Comitê de Coordenação e Execução da FLN ofereceu ao povo tunisiano todas as tropas disponíveis para ajudar a expulsar da Tunísia o invasor francês.

Nós mantemos essa oferta e dizemos ao povo tunisiano que estamos juntos, para o pior e para o melhor, e que o sangue magrebino é suficientemente generoso e se oferece copiosamente para que, da Argélia a Sfax, não se encontrem mais soldados franceses para nos ameaçar, torturar e massacrar.

7. A farsa que muda de campo[23]

ASSISTIMOS, há cerca de dois meses, a uma tentativa verdadeiramente frenética dos anglo-americanos de transformar a tragédia de Sakiet Sidi Youssef, prolongamento da tragédia maior argelina, numa farsa na qual a indecência se mescla ao absurdo.

Depois de Sakiet, a Tunísia apresenta uma queixa ao Conselho de Segurança. Num segundo momento, a República Tunisiana, numa nota conjunta, submete o problema argelino à instância internacional. Sakiet exigiu do povo tunisiano escolhas precisas: evacuação das tropas francesas, inclusive de Bizerta; restituição dos aeroportos; e, no plano internacional, intervenção diplomática em vista do conflito argelino.

Os anglo-americanos, fazendo chantagem com a solidariedade ocidental, prometem ao governo tunisiano obter da França o respeito a todas essas reivindicações, desde que as nações comunistas não estejam interessadas, por intermédio do Conselho de Segurança, nos "problemas internos" dos países atlânticos.

Durante um mês, viu-se os srs. Robert Daniel Murphy e Harold Beeley se encontrarem, discutirem. "Queremos aproximar os pontos de vista francês e tunisiano", declararam. E, durante esse período, o governo francês, que por um momento esteve abalado, retomou sua argumentação belicista. Na Argélia, prosseguiam os massacres, e o povo argelino se via diante de 87 mortes, uma aldeia arrasada e barreiras que correspondem cada vez menos à realidade de seu drama e de sua cólera.

O presidente da República Tunisiana fez algumas modificações nas exigências do povo de seu país. Mas, no momento em que o chefe do governo tunisiano anunciava essas concessões e definia seus limites, o presidente do Conselho francês, sr. Gaillard, apresentava outras imposições, exigia garantias estritas, colocava o povo tunisiano contra a parede; em suma, relançava a política de agressividade, de ameaça, de intimidação.

Ora, há um aspecto sobre o qual não é inútil chamar a atenção. É o fato de o sr. John Foster Dulles ter podido declarar: "Depois das concessões do governo tunisiano, a França tem a palavra".

Já dissemos mais de uma vez que, com o colonialismo, era inútil esperar qualquer flexibilização. O colonialismo francês é uma força de guerra e é preciso abatê-lo pela força. Nenhuma diplomacia, nenhum gênio político, nenhuma habilidade poderá derrotá-lo. Incapaz de renegar a si mesmo, é preciso que as forças democráticas se alinhem para derrubá-lo.

Quanto a nós, argelinos, no decorrer desses anos de luta conseguimos trazer à luz certo número de verdades que puseram fim às mentiras historicamente estabelecidas. Para nós, argelinos, o triunfo da democracia não depende unicamente do mundo ocidental, já que esse mesmo mundo ocidental contesta seus valores.

Os srs. Murphy e Beeley, com o jogo sutil de silêncios prolongados e de um otimismo paradoxal, tentam aturdir o mundo anticolonialista. Que eles saibam que talvez enganem muita gente, mas não o povo argelino.

A farsa que muda de campo

Os srs. Murphy e Beeley não transformarão em farsa a luta do povo magrebino por independência.

Os plenipotenciários anglo-americanos devem abandonar toda esperança de brincar com o povo magrebino como se manipulassem marionetes.

Resta aos povos marroquino e tunisiano se oporem com tenacidade às manobras dos porta-vozes do governo francês delegados pelo mundo atlântico.

A tragédia de Sakiet, a tragédia do genocídio perpetrado na Argélia pelo povo francês ocidental e cristão não serão transformadas em comédias burlescas nas quais, não importa quem diz, não importa o que é dito, a última palavra pertence ao "mais forte".

É a própria teoria da força tradicional dos países mercenários que cai no ridículo.

Se a farsa deve ser representada, ela o será pela França. A França, seu regime e seu povo é que pagarão o preço.

8. Descolonização e independência[24]

Faz mais de três anos que a França "resiste" na Argélia. Ela resiste da maneira mais obstinada, mais exacerbada, a ponto de a memória de Clemenceau, nas desastrosas horas de 1940, não ter sido tão evocada.

A França perdeu terreno na Tunísia e no Marrocos, mas se agarrou ao território argelino. Por motivos diversos, a opinião pública francesa, com raras exceções, incensou o exército, endossou a Guerra da Argélia, advertiu os diferentes governos sobre inaceitáveis renúncias na Argélia.

Admira que, após três anos, apesar da fadiga que volta e meia ganha as esferas políticas francesas, na esteira dos "quartos de hora" infinitamente adiados do sr. Lacoste,* apesar de uma crise orçamentária cada vez mais alarmante, apesar da fragmentação, em função da Guerra da Argélia, da quase totalidade dos partidos políticos, nenhuma força coerente e eficaz tenha surgido para impor a paz aos colonialistas franceses.

Somos sempre censurados por nossa diplomacia afiada. Ho Chi Minh, lembram-nos, nos momentos mais trágicos da

---

* Em novembro de 1956, Robert Lacoste, então ministro da Argélia, acreditando na vitória iminente da França, declarara que a Guerra da Argélia encontrava-se em seu "último quarto de hora". (N. T.)

Descolonização e independência 161

Guerra da Indochina, nunca deixou de afirmar a diferença entre o colonialismo e o povo francês. Os exemplos do presidente Bourguiba e dos irmãos do Istiqlal* não são os únicos evocados para nos levar à conciliação.

Ora, não se deve esquecer, já que justamente se fala da Indochina, que foi a decisão de enviar um contingente militar para lá que provocou a queda do governo Laniel, a coalizão de forças de esquerda e o encontro de Genebra.

É verdade que houve Dien Bien Phu. Mas o último livro do sr. Joseph Laniel e as estrepitosas declarações dos velhos generais da Indochina sustentam que, apesar de Dien Bien Phu, se os "liquidatários" não houvessem traído a nação — entenda-se: não tivessem se oposto ao envio do contingente —, a Indochina poderia ter sido salva.

O que é preciso dizer é que, com a Guerra da Argélia, surgiram três fenômenos absolutamente novos em termos de luta de libertação nacional.

Reivindicação, não súplica

Em primeiro lugar, em momento algum a FLN fez um apelo à generosidade, à magnanimidade, à amabilidade do colonizador. O colonizado adquire, numa vertiginosa mutação, uma nova qualidade, elaborada durante e pelo combate. A linguagem utilizada pela FLN, desde os primeiros dias da Revolução, é uma linguagem de quem é responsável. Os apelos às forças democráticas francesas não são redigidos em termos

---

* Partido político do Marrocos. (N. T.)

ambíguos, num tom mais ou menos infantil. Nós dizemos à esquerda francesa: sejam lógicos consigo mesmos — ajudem-nos, apoiem a causa da Revolução Argelina. A preocupação constante da FLN de se livrar das relações colonizado-colonizador, povo argelino-povo francês, e do tradicional confusionismo, deixou os elementos democráticos franceses numa situação incomum. Pedimos que ajam imbuídos menos de simpatia difusa que do rigor doutrinário de um anticolonialismo autêntico. Tal delimitação de fronteiras pode, num exame superficial, ser assimilada à rigidez. Por isso, não é raro ouvir os democratas franceses nos recriminarem: "Se continuarem assim, vamos abandoná-los". Essa posição mostra como a ação dos democratas é desprovida de qualquer valor revolucionário e doutrinário, pois se alimenta precisamente das fontes ambivalentes da bondade para com o oprimido ou da sede de fazer qualquer coisa, de ser útil etc.

A FLN tem sido criticada por não saber falar com os franceses, por não levar suficientemente em conta suas pequenas fraquezas e seu narcisismo. Isso certamente é verdade.

Mas essas críticas indicam que o objetivo da FLN foi mal compreendido. A FLN não visa a realizar uma descolonização da Argélia ou uma atenuação das estruturas opressivas.

O que a FLN exige é a independência da Argélia. Uma independência que permita ao povo argelino tomar seu destino nas mãos, plenamente.

Esse objetivo, essa estratégia orientam nossa tática, nosso método, e ditam o próprio ritmo de nossa luta.

Descolonização e independência

O colonialismo é fundamentalmente indesculpável

A Revolução Argelina gerou um escândalo no desenrolar das lutas de libertação nacional. O colonialismo, no momento em que é negado pela história e pela vontade nacional, em geral consegue se manter como verdade e valor. Não é verdade que tenha sido bom a França fazer da Argélia o que ela é hoje.

O porto de Mers El Kebir e o aeródromo de Boufarik para aviões a jato jamais nos servirão de consolo diante da grande miséria intelectual, material e moral de nosso povo.

O colonialismo francês não será legitimado pelo povo argelino. Nenhum empreendimento espetacular nos fará esquecer o racismo legalizado, o analfabetismo, o servilismo promovido e mantido nas profundezas da consciência de nosso povo.

É por isso que nossas declarações nunca falam em adaptação ou abrandamento, mas sim em restituição. É verdade que nunca se deixou de criticar a FLN por essa constante referência à nação argelina antes de Bugeaud. É que, insistindo nessa realidade nacional, tornando a Revolução de 1º de novembro de 1954 uma fase da resistência popular iniciada com Abd El Kader, nós arrancamos do colonialismo francês sua legitimidade, sua pretensa inserção na realidade argelina. Em vez de integrar o colonialismo, concebido como o nascimento de um novo mundo, à história argelina, nós fizemos dele um acidente infeliz, execrável, cujo único significado foi ter retardado de maneira indesculpável a evolução coerente da sociedade e da nação argelinas.

A "nação em formação", "a nova Argélia", "o caso único na história", todas essas expressões mistificadoras foram varridas pela posição da FLN, e só o que subsistiu à luz do dia foi o combate heroico de todo um povo contra a opressão secular.

Entre a ruptura com o passado argelino — tendo como consequência a instalação de uma colonização renovada, porém contínua — e a fidelidade à nação transitoriamente submetida, o povo argelino fez sua escolha.

Não existe uma nova entidade nascida a partir do colonialismo. O povo argelino não aceitou que se transforme a ocupação em colaboração. Os franceses na Argélia não conviveram com o povo argelino. O que fizeram foi dominar, com maior ou menor intensidade. Por isso, era preciso, desde o início, fazer o povo francês sentir o alcance de nossas reivindicações.

A FLN não jogou com as palavras. Disse que seu objetivo era a independência, sem qualquer concessão quanto a isso. A FLN disse aos franceses que era preciso negociar com o povo argelino, restituir seu país, todo ele.

Desde o princípio, a FLN definiu seu programa: pôr fim à ocupação francesa, dar terras aos argelinos, praticar uma política de democracia social na qual homens e mulheres tenham direitos iguais à cultura, ao bem-estar material e à dignidade.

É um indivíduo liberto que empreende a construção da cidade

Uma atitude assim devia ter importantes repercussões imediatas sobre a consciência do argelino.

Todas as estruturas embrutecedoras e infantilizantes que infestam habitualmente as relações entre colonizado e colonizador foram absolutamente eliminadas. Enquanto o colonizado em geral só pode escolher entre uma desvalorização de seu ser e uma furiosa tentativa de identificação com o colonizador, o

Descolonização e independência 165

argelino fez nascer uma personalidade nova, positiva, eficiente, cuja riqueza se alimenta menos da prova de força que ele assume do que da certeza de encarnar um momento decisivo da consciência nacional.

O combatente argelino não se levanta apenas contra os paraquedistas torturadores. Ele é, na maior parte do tempo, confrontado com os problemas da edificação, da construção, da invenção da cidade. É por isso que o colonialismo perdeu o jogo na Argélia, irreversivelmente. No nível de cada *wilaya*, estabelecem-se planos de cadastramento, estudam-se projetos de construção de escolas, buscam-se reconversões econômicas.

O argelino constrói, organiza, legisla, planeja. O que explica sua segurança, sua linguagem firme e resoluta, a coesão enérgica de suas posições.

Assim se entende por que os porta-vozes da FLN são geralmente descritos como intransigentes. Não é o tom que incomoda, mas o conteúdo de suas reivindicações.

Muitos povos colonizados reivindicaram o fim do colonialismo, mas raramente como o povo argelino.

Essa recusa de soluções paulatinas, esse desprezo pelas "etapas" que interrompem a torrente revolucionária e tiram do povo a vontade inabalável de tomar tudo em suas mãos imediatamente para que tudo mude constituem a característica fundamental da luta do povo argelino.

E o *moudjahid** que expõe essa posição, defende-a e a faz triunfar introduz um novo dado no clássico diálogo entre dominado e opressor. A libertação do indivíduo não se segue

---

* Título oficial de toda pessoa, argelina ou não, que tenha enfrentado o colonialismo francês. (N. T.)

à libertação nacional. Uma autêntica libertação nacional só existe na medida em que o indivíduo tenha iniciado irreversivelmente sua libertação. Não é possível se distanciar do colonialismo sem ao mesmo tempo se afastar da ideia que o colonizado faz de si mesmo através do filtro da cultura colonialista.

Uma tal revolução à escala da consciência nacional e da consciência individual precisa ser analisada. Ela permite compreender a derrocada e o medo do colonialismo francês na Argélia.

A Revolução Argelina introduziu um novo estilo nas lutas de libertação nacional

Há um terceiro fenômeno ainda não identificável mas que perturba o clima das relações de todos os colonizados com a França. O processo de libertação dos povos coloniais é certamente inelutável. Mas a forma assumida pela luta do povo argelino é tal que, em sua violência e em sua totalidade, ela influencia de maneira decisiva as futuras lutas das outras colônias.

O povo argelino vivencia concretamente a interdependência dos fenômenos históricos. Dizer que o colapso localizado do colonialismo aumenta sua desagregação como sistema não é mais a explicação de um princípio abstrato que só as camadas intelectuais percebem.

Todo o povo argelino sabe que, depois da Argélia, será a África Negra a travar seu combate. E não é verdade que, desde já, a França é obrigada a inventar novas fórmulas, a votar a *Loi-*

Descolonização e independência

-*Cadre** para depois superá-la, encaminhando-se, apesar disso, para o reconhecimento da soberania nacional da África Negra?

Claro, os políticos africanos prisioneiros dos franceses tentaram seguir a curva irresistível da reivindicação nacional.

Até o presente, eles têm podido adotar com suficiente celeridade as diferentes posições de seus povos. Mais cedo ou mais tarde, porém, o divórcio se apresentará. Caberá então a eles serem "traidores" declarados ou abandonar as miragens da obra colonizadora.

O povo argelino sabe que os povos da África Negra seguem com simpatia e entusiasmo sua luta contra o colonialismo francês. O povo argelino não ignora que cada golpe desferido contra a opressão francesa na Argélia desmantela o poder colonialista.

Cada emboscada armada, cada guarnição atacada e destruída, cada avião abatido semeiam o pânico no mecanismo colonial francês e reforçam a consciência nacional africana ou malgaxe ou antilhana.

Os povos oprimidos sabem hoje que a libertação nacional é parte do desenvolvimento histórico, mas também que essa libertação deve ser obra do povo oprimido.

São os povos coloniais que devem libertar-se da dominação colonialista.

A verdadeira libertação não é essa pseudoindependência na qual ministros de responsabilidade limitada coexistem com uma economia dominada pelo pacto colonial.

---

* Aprovada em junho de 1956 e conhecida como Loi-Cadre Defferre, estabeleceu, em termos ainda desfavoráveis às populações coloniais, as bases para a progressão das colônias francesas até a independência. (N. T.)

A libertação é a sentença de morte do sistema colonial, desde a prevalência da língua do opressor e da "departamentalização" até a união alfandegária que, na verdade, mantém o antigo colonizado nas malhas da cultura, da moda e das imagens do colonialista.

Essa sentença de morte foi executada pelo povo argelino com tenacidade e fervor.

Nós não esperamos que o colonialismo se suicide. É da sua lógica defender-se obstinadamente. Mas é a tomada de consciência de sua impossibilidade de sobreviver que determinará sua dissolução enquanto estilo de contato com os outros povos.

O povo colonialista não vai se curar de seu racismo e de sua enfermidade espiritual a não ser que aceite, de verdade, considerar a antiga possessão como uma nação absolutamente independente.

Toda evocação de "antigos laços" ou de "comunidades" irreais é uma mentira e um ardil.

O povo argelino prova há quase quatro anos que essa mentira e esse ardil não estão mais à altura de sua verdade e de sua vontade.

9. Uma crise contínua[25]

PELA QUARTA VEZ DESDE 1º de novembro de 1954, a França se encontra sem governo.

Depois das equipes de trabalho de Edgar Faure, Guy Mollet, Bourgès-Maunoury e da mais recente, dita de união nacional, do sr. Félix Gaillard, eis uma nova crise que todos concordam em considerar extremamente grave.

E, com certeza, ninguém poderia ignorar hoje que a Guerra da Argélia está na origem dessa instabilidade governamental na França. Entretanto, é preciso tentar apreender o desenvolvimento interno do processo responsável por esse desequilíbrio. É preciso explicitar o trabalho de deterioração e desagregação do prestígio francês que ocorre tanto fora quanto dentro da França em função dessas guerras coloniais.

A análise da situação deve nos permitir avaliar, mensurar essa fatalidade interna que solapa a França e que a conduz quase mecanicamente a multiplicar as crises, a se fechar numa atmosfera de crise.

Dizer que a Guerra da Argélia esgota as finanças e desequilibra a economia da França é enunciar evidentemente uma verdade. Mas seria um equívoco privilegiar essa verdade. Pudemos perceber isso durante os debates na Assembleia Nacional francesa sobre o custo das operações na Argélia. Enquanto os especialistas internacionais, no caso os que volta e meia socorrem a economia francesa, calculavam as despesas em 800 bilhões, o sr. Lacoste declarava, com aparente seriedade, que a Guerra da Argélia não tinha custo algum.

Os partidos franceses de esquerda, prisioneiros de um simplismo doutrinário segundo o qual a direita negocia logo que é convidada a participar das despesas, adotaram uma atitude de resignação e se atêm à esperança de que, um dia, quando essa direita sentir seus interesses em perigo, ela abandonará seu chauvinismo e apoiará todas as independências coloniais que se queiram.

Temos assinalado várias vezes essa mecanização do pensamento e o surgimento desse fetichismo das causas no sentido mais automático, menos dialético.

Essa fragilidade ideológica, comum a grande parte das formações políticas francesas, explica o conflito existente no corpo político francês desde 1º de novembro de 1954. O partido radical pulverizado desde o histórico congresso de Lyon, o partido socialista no seio do qual aparecem tendências cada vez mais heterogêneas, o MRP que acaba de revelar suas contradições pela recente recusa em apoiar a tentativa do sr. Georges Bidault, até o PCF [o Partido Comunista Francês], cuja estrutura monolítica não evitou as divergências e oposições sobre a questão da Guerra da Argélia — cada um dos partidos, a seu modo, manifesta a incoerência das posições, a violência dos conflitos, a discordância fundamental.

As contradições europeias

O pior erro seria, assim, isolar essa desestruturação da vida política francesa do contexto europeu e internacional.

Uma crise contínua 171

As nações europeias, sobretudo a Itália, a Inglaterra e a Alemanha Ocidental, em razão da competição econômica na Europa ou por causa dos mercados a preservar na África, sentiram necessidade de manifestar uma hostilidade implícita às guerras coloniais travadas pela França.

Para dar um exemplo: o povo italiano, que durante muito tempo manteve silêncio diante do apoio de seu governo à guerra colonial francesa, alertado pelas organizações democráticas de seu país, pôs-se em movimento há alguns meses e exige, de forma peremptória, o não envolvimento do governo italiano ao lado do colonialismo francês.

Na Alemanha Ocidental, estabeleceu-se atualmente que nenhum jornal alemão vai se atrever a apoiar a política francesa. Os representantes franceses na Alemanha puderam constatar muitas vezes por dia que o conjunto do povo alemão condena o colonialismo francês e simpatiza com o glorioso povo argelino.

Na Inglaterra, os conservadores, há muito solidários com os colonialistas franceses, deram início há alguns meses a uma virada, e seus órgãos de imprensa não disfarçam mais suas posições quanto à necessidade de negociações com o povo argelino.

Essa mudança de orientação das democracias ocidentais é consequência, em parte, de uma corrente anticolonialista e liberal, certamente, mas, sobretudo, e não adianta escondê-lo, do desejo de ver uma França reduzida a sua dimensão europeia, amputada de suas colônias, privada dos regimes preferenciais instaurados pelo pacto colonial e, enfim, confrontada em livre concorrência com as outras economias nacionais europeias. Dessa segunda perspectiva, a fórmula "África, domínio privado da França" tende a ser substituída por outra, "África, domínio privado da Europa".

As contradições ocidentais e as pressões internacionais

Os Estados Unidos da América, diante do mundo comunista, desenvolvem uma política africana que adere, em seus fundamentos, às novas posições europeias. Os democratas americanos, quando expõem suas posições sobre a descolonização da África, sempre insistem na necessidade dos Estados Unidos de não compartilharem a perspectiva colonialista francesa.

O tema predominante em sua argumentação é claro: na África, a França está em vias de comprometer as chances do Ocidente e do "homem branco".

Dois outros elementos, contudo, relativizam a progressiva modificação da atitude americana. Em primeiro lugar, a certeza profunda, do outro lado do Atlântico, de que chegou a hora de fazer uma escolha, de dar suporte à luta de independência dos povos coloniais, de contribuir para a desagregação dos impérios, de apoiar a libertação dos povos oprimidos. Além disso, em face do "perigo comunista", no âmbito da guerra fria e da divisão do mundo em esferas de influência, os Estados Unidos estão cada vez mais conscientes da urgência de posições radicalmente opostas ao colonialismo francês.

No plano internacional, vale a pena insistir no imenso entusiasmo provocado nos países afro-asiáticos pela epopeia que há quatro anos vive o povo argelino.

Bandung, Cairo, Acra, todos os povos afro-asiáticos, todos os oprimidos de ontem, sustentam, apoiam e assumem cada vez mais a causa da Revolução Argelina; não seria de modo algum exagerado dizer que, cada vez mais, a França terá contra si, na Argélia, dois continentes.

Uma crise contínua 173

É por terem deixado de analisar esses múltiplos fatores, essas contradições dialéticas, que os partidos políticos franceses se encontram cada vez mais numa situação de indeterminação, de exacerbação passional sem um tema-guia, de inquietude, coisas que não deixam de evocar condutas autodestrutivas.

A atmosfera de crise

Na França, a recusa a uma opção política coerente para a Argélia não diz respeito somente aos grupos políticos.

Dentro de cada partido é possível distinguir hoje um centro, uma direita e uma esquerda. No nível das massas populares ou de instituições particulares como a Igreja, percebe-se um ambiente de mal-estar, amargura e desespero. Não há uma associação, um grupo de homens ou de mulheres que não seja atingido e afetado pelo desenrolar da guerra na Argélia: cisões de associações de estudantes, cisões de educadores, agitações no exército, apelo aos cardeais, mal-estar na polícia. Todos esses fenômenos, dado seu número e sua gravidade, indicam a confusão que domina a vida moral e política na França.

A vontade de libertação do povo argelino contesta inegavelmente a ficção da Argélia francesa. Mas é também um certo tipo de comportamento, um estilo de contato intelectual que se vê condenado de parte a parte. A luta do povo argelino é uma crítica radical ao pseudodireito de propriedade: nossa África Negra, nossa Argélia... e, ao mesmo tempo, uma intimação a que o povo francês se critique, se desfaça da mentalidade colonialista, antidemocrática e racista; em suma, viva e ultrapasse as contradições historicamente elaboradas.

A luta do povo argelino, fonte de verdade

Ora, a desordem que reina atualmente na vida moral e política francesa seria incompreensível se não a relacionássemos dialeticamente às realidades internacionais e à luta do povo argelino.

As críticas decisivas e implacáveis do senador John F. Kennedy, os posicionamentos profundamente anticolonialistas dos trabalhadores ingleses e, de maneira mais geral, a recente postura dos serviços oficiais americanos traduzem dois fenômenos. Em primeiro lugar, que o processo histórico e amplo de libertação dos povos coloniais é reconhecido, identificado e aceito; mas também a atitude adotada diante da análise de que o povo argelino entrou com tudo nessa luta e que, na verdade, não se vê como a França poderia deixar de reconhecer a independência da Argélia.

O sr. Lacoste não se tornou impopular no mundo e na opinião francesa porque comandou a repressão ou justificou os assassinatos coletivos. É que a mentira do sr. Lacoste foi plenamente exposta, desvelada e desmascarada pela invencibilidade do exército nacional argelino. Os "quartos de hora" indefinidamente adiados, os boletins sobre a vitória total, as proclamações fantasiosas, o blefe, tudo isso explica a confusão da ambivalência que reina em torno de seu nome. A esquerda o condena porque ele se opõe a uma política de esquerda; a direita, porque ele não manteve suas promessas, porque não pacificou a Argélia, porque a situação militar tem se tornado cada vez mais grave.

Portanto, não existe uma crise política francesa porque as opiniões se chocam ou as concepções de mundo divergem, mas porque o escândalo que constitui a vontade de libertação do

Uma crise contínua 175

povo argelino sacode os equilíbrios estabelecidos, as verdades admitidas, e põe totalmente em questão as perspectivas da nação francesa.

A crise francesa não se desenvolve num ambiente fechado. Não é uma crise da reflexão pura. É na prática, e da forma mais trágica, que o povo francês repensa e reconstrói seus valores.

Ao intensificar seu esforço militar, o povo francês impôs ao povo argelino sacrifícios imensos, mas, precisamente, o desenvolvimento dialético desse combate devia provocar, por sua vez, uma convulsão ideológica na França e fazer explodir a evidência de que o esforço francês ia de encontro à história, à moral, ao humano.

É a luta encarniçada, obstinada, heroica do povo argelino que faz aparecerem novas significações, ultrapassa certas contradições e torna possível o que ontem era impensável.

As declarações pré-posse do sr. Bidault não desagradaram, não irritaram por terem sido mal redigidas. É que ficou evidente que o sr. Bidault não tinha entendido coisa alguma, que não tinha acompanhado os acontecimentos, que estava desconectado da história, fora do seu tempo. Esta nova era, estas novas condições, estas realidades originais são, precisamente, introduzidas pela luta do povo argelino.

Foi a luta do povo argelino que provocou essa transformação da vida política francesa. É no contato com essa vontade nacional, com essa violência nas reivindicações, que se remodelam as perspectivas políticas francesas.

Pressões europeias: porque, mesmo que a África esteja perdida para a França, isso não significa que o deva estar para a Europa. Pressões internacionais: porque há o risco de a hidra comunista se instalar na África caso o conjunto do Ocidente se

176   *Rumo à libertação da África*

mantenha nesse silêncio cúmplice diante do belicismo francês. Pressões do povo argelino: o elemento mais ativo nessa dialética e também o mais verdadeiro. Essas três ordens de fatores delimitam a realidade nacional francesa e induzem, suscitam e desmascaram as contradições constitutivas de um país colonialista e racista com exigências doutrinárias paradoxalmente democráticas.

E não é verdade que essa confrontação possa terminar magicamente. Não é verdade que a América ou a Itália possam ser colocadas contra a parede. Não é verdade que o sr. Pineau possa, caso o solicite, obter o apoio da Otan. Não é verdade que, com um pouco de boa vontade, o sr. Pierre Mendès-France possa se entender com o sr. André Morice, ou o sr. André Philip confraternizar com o sr. Mollet. Não é verdade que a escola de estado-maior do sr. Marcel Bigeard possa trazer algo de novo para a Guerra da Argélia. Todas essas impossibilidades são os negativos de uma realidade maior: a França está mergulhada numa atmosfera de crise cataclísmica e dela não sairá senão pela negociação com a FLN.

10. Carta à juventude africana[26]

O POVO ARGELINO TRAVA, há quatro anos, um combate muito duro contra o colonialismo francês. Vocês não ignoram o esforço colossal que a França tem realizado na Argélia para manter sua dominação. E vocês sabem que a FLN, que comanda nossa luta, sempre opôs uma resistência feroz à guerra de reconquista francesa.

Já nos dirigimos numerosas vezes aos países coloniais em geral e sempre nos pareceu importante assinalar o malogro de certos dados e o surgimento de teses totalmente inesperadas.

Não paramos de afirmar, nesses três anos, que a cunha cravada no sistema colonial francês com a libertação da Indochina, da Tunísia e do Marrocos lhe havia abalado a infraestrutura, mas que não nos iludíssemos, a fera continuava robusta o bastante.

O mundo colonial vem sofrendo, há quinze anos, ataques cada vez mais violentos, e o edifício decadente está a ponto de desabar. Hoje em dia ninguém contesta que essa destruição do colonialismo é a marca específica do pós-guerra. O processo histórico, nascido das múltiplas contradições inerentes ao sistema capitalista e dinamizado pela vontade nacional dos povos oprimidos, preside ao nascimento de Estados independentes.

Os povos colonizados em geral se reconheceram em cada movimento, em cada uma das revoluções desencadeadas e levadas a cabo pelos oprimidos. Além da necessária solidariedade para com os homens que, por toda a superfície da Terra, se batem pela democracia e pelo respeito a seus direitos, impõe-se, com uma violência inusitada, a firme decisão dos povos colonizados de desejarem, para si mesmos e para seus irmãos, o reconhecimento de sua existência nacional, de sua existência enquanto membros de um Estado independente, livre e soberano.

Já há vários anos a história do mundo, a história da luta dos homens pela dignidade, confronta os povos com problemas específicos. Os homens subjugados e oprimidos por nações estrangeiras são hoje convidados a participar plenamente da obra de demolição do sistema colonial. E não é exagero dizer que, se as partes do mundo onde a existência nacional já se concretizou marcam o passo sem superar suas contradições, é precisamente porque toda nova marcha para o progresso implica a libertação das colônias.

É preciso que os povos oprimidos se unam àqueles já soberanos, para que seja válida a construção de um humanismo de dimensão universal.

Há dez anos, o dever de todo colonizado é bem preciso: sobre o solo nacional, minar o edifício colonialista e apoiar de maneira positiva as lutas dos povos colonizados.

A guerra de libertação do povo argelino alastrou a gangrena e levou a putrefação do sistema a um nível tal que se tornou evidente para os observadores que disso deve resultar uma crise global.

É prevendo essa possível mutação, esse eventual questionamento geral, que nos dirigimos repetidas vezes aos representantes de vocês nas assembleias parlamentares francesas, e a seus líderes sindicais.

Carta à juventude africana

Há três anos seguimos convidando-os a encurralar a fera colonialista, a obrigá-la afrouxar sua pressão; há três anos não deixamos de explicar, de expor a seus representantes que era preciso conjugar esforços e implodir o Império francês, já que o povo argelino, de sua parte, travava em seu território uma guerra aberta, grandiosa e difícil.

É nosso dever com a verdade dizer-lhes que quase todos os seus representantes, mistificados por um gravíssimo fenômeno de alienação, sempre opuseram a nossas iniciativas o respeito à legalidade republicana francesa.

Ora, parece que ao menos três pontos nos são comuns. Em primeiro lugar, nossas respectivas nações são ocupadas militarmente, exploradas economicamente e silenciadas culturalmente desde que sobre elas tremula a bandeira tricolor.

Todo impulso no sentido de uma expressão de si mesmo conforme sua história, fiel a sua tradição e ligado à própria seiva de seu solo está limitado, interrompido, travado.

O estilo do pacto colonial que rege a exploração multidimensional dos territórios da "União Francesa" constitui nosso segundo ponto comum. Não seria excessivo dizer que a França ocupa nosso solo nacional, mas ela aqui se instalou de maneira desenvolta e não teve receio de elaborar toda uma legislação, todo um código a partir do qual nossa essência nacional se vê negada em favor da ordem francesa.

A vontade de independência que deveria constituir a única resposta a essa colonização é o terceiro ponto comum aos povos dominados pela França. Quando nos dirigimos aos povos coloniais e, mais especialmente, aos povos africanos, é ao mesmo tempo porque precisamos nos apressar para construir a África, a fim de que ela se exprima e se realize, que enriqueça o mundo dos homens, e para que ela possa ser autenticamente enriquecida pelas contribuições do mundo. É também porque o único meio de atingir esse resultado é quebrar a espinha do colonialismo mais feroz, mais inflexível, mais bárbaro que existe.

No momento atual, todos os movimentos de libertação dos povos coloniais, quaisquer que sejam as nações dominadoras, estão ligados à existência do colonialismo francês.

O "Império francês", por sua dimensão, ainda goza hoje em dia de um certo prestígio e de uma aparente estabilidade. A agressividade do colonialismo francês, seu desprezo pela moral internacional, sua impressionante barbárie acalmam os outros países colonialistas.

Juventude dos países coloniais!

É preciso que vocês saibam que o futuro de sua existência nacional, a causa de sua liberdade e de sua independência estão em jogo atualmente na Argélia.

Não é verdade, como querem fazer crer certos "parlamentares" coloniais com assento nas assembleias francesas, que a Guerra da Argélia favoreça o processo de descolonização e que por isso basta explorar no plano parlamentar essas dificuldades do colonialismo francês.

É verdade que a *Loi-Cadre*, votada sob a pressão da Guerra da Argélia, produziu um afrouxamento da opressão sobre os países da África, mas nós julgamos que seria muito grave atribuir mais que um valor caricatural a essa "evolução".

O que os países coloniais desejam não é um "bom gesto" do senhor, mas precisamente sua morte. Além disso, no próprio bojo dessa evolução, é comum constatar a "má vontade" dos administradores franceses, sua disposição contrária à parcela de liberdade dada aos "negros", sua raiva diante desse atentado

Carta à juventude africana 181

contra a supremacia branca. E é preciso enfatizar o aspecto cômico de certos parlamentares coloniais que ameaçam chamar de volta os administradores franceses hostis à *Loi-Cadre*.

Uma análise sadia do colonialismo francês no quarto ano da Guerra da Argélia deveria levar esses parlamentares a considerarem essa "má vontade" menos como um fato isolado do que como a expressão de um colonialismo ainda muito seguro de suas posições e como sinal de que, na França, tudo se fará para impedir qualquer evolução dos países coloniais e qualquer atentado ao pacto colonial.

O que se passa hoje na França, na Argélia, faz parte do mesmo processo que abrange a "má vontade" de administradores ou colonos.

Juventude dos países coloniais!

Há quatro anos continuamos repetindo àqueles que têm assento nas Assembleias francesas que o colonialismo francês não será objeto de nenhuma operação mágica e que é inútil esperar um desaparecimento progressivo.

O futuro será implacável com esses homens que, gozando do privilégio excepcional de poderem dizer palavras de verdade a seus opressores, refugiam-se numa atitude de serenidade, de muda indiferença e às vezes de fria cumplicidade.

O sr. Félix Houphouët-Boigny, deputado africano e presidente da RDA [Rassemblement Démocratique Africain], concedeu, poucos dias atrás, uma entrevista à imprensa. Após considerações absurdas sobre a desejada evolução de uma África cingida pela bandeira tricolor, ele chega à questão argelina e não hesita em afirmar que a Argélia deve permanecer no âmbito francês.

Esse senhor se transformou, há mais de três anos, no testa de ferro do colonialismo francês. Com assento em todos os governos, o sr. Houphouët-Boigny assumiu diretamente a política de extermínio praticada na Argélia.

Tendo à sua direita o sr. Lacoste e, à esquerda, os srs. Morice ou Jacques Chaban-Delmas, o sr. Houphouët-Boigny subscreveu de maneira imperdoável uma política que tem enlutado a nação argelina e comprometido por longos anos o desenvolvimento de nosso país.

O sr. Houphouët-Boigny se tornou o caixeiro-viajante do colonialismo francês e não teve receio de ir até as Nações Unidas para defender a tese francesa.

O sr. Houphouët-Boigny é doutor em medicina. Foi ministro da Saúde do sr. Gaillard. Sakiet Sidi Youssef foi em sua gestão. As ambulâncias da Cruz Vermelha Internacional foram lá metralhadas, bombardeadas, destruídas. Dezenas de mulheres e crianças foram cortadas ao meio pelas rajadas da aviação francesa.

O africano Houphouët-Boigny, o doutor em medicina Houphouët-Boigny não hesitou em reivindicar essa barbárie e declarar-se solidário aos militares franceses.

O sr. Houphouët-Boigny, como bom ministro da República francesa, avaliou que seu dever era assumir o massacre de Sakiet, felicitar o valente exército francês e apoiar com toda a solidariedade ministerial as pressões sobre o governo tunisiano.

Nos áureos tempos do imperialismo francês, podia ser uma espécie de honra para um colonizado fazer parte do governo da França. Essa honra sem responsabilidade nem risco, essa satisfação pueril de ser ministro ou secretário de Estado podiam, a rigor, ser perdoadas.

Ora, já há dez anos tornou-se intolerável e inaceitável que africanos pudessem ter assento no governo do país que os domina.

Carta à juventude africana

Todo colonizado que hoje aceita um cargo governamental deve saber, da forma mais clara possível, que terá de avalizar, mais cedo ou mais tarde, uma política de repressão, de massacres, de assassinatos coletivos em uma das regiões do "Império francês".

Quando um colonizado como o sr. Houphouët-Boigny, esquecendo o racismo dos colonos, a miséria de seu povo, a exploração despudorada de seu país, chega ao ponto de não participar da pulsação libertadora que inflama os povos oprimidos e quando, em seu nome, todos os poderes são atribuídos aos Bigeard e a outros Massu, devemos afirmar sem hesitação que se trata de traição, de cumplicidade e de incitação ao homicídio.

A juventude da África, de Madagascar, das Antilhas, os militares de suas respectivas pátrias alistados à força no exército francês se juntaram com entusiasmo às fileiras do Exército de Libertação Nacional argelino. Hoje, lado a lado com os patriotas argelinos, eles travam uma luta heroica contra o inimigo comum.

A FLN, que lidera o combate do povo argelino, se dirige a vocês e lhes solicita que pressionem seus parlamentares para os obrigar a desertar das Assembleias francesas.

Chegou a hora de todos os colonizados participarem ativamente do esgotamento dos colonialistas franceses.

Onde quer que estejam, vocês precisam saber que chegou o momento de unirmos nossos esforços e desferirmos o golpe de misericórdia no imperialismo francês.

Juventude africana! Juventude malgaxe! Juventude antilhana! Devemos, todos juntos, cavar o túmulo no qual o colonialismo será definitivamente enterrado!

11. Principais verdades a respeito do problema colonial[27]

O SÉCULO XX, em escala mundial, não terá sido unicamente a era das descobertas atômicas e das explorações interplanetárias. A segunda transformação dessa época é, sem dúvida, a conquista pelos povos das terras que lhes pertencem.

Pressionados pela reivindicação nacional de regiões imensas, os colonialistas precisaram afrouxar seu cerco. Entretanto, esse fenômeno da libertação, de triunfo das independências nacionais, de recuo do colonialismo não se apresenta de uma única maneira. Cada antiga colônia tem uma forma distinta de atingir a independência. Cada novo Estado soberano se vê praticamente na obrigação de manter relações definidas e preferenciais com o antigo opressor.

Os partidos que travam a luta contra a opressão colonialista decidem taticamente, numa determinada fase do combate, aceitar uma parcela de independência com a firme intenção de voltar a lançar o povo na estratégia fundamental da evacuação total do território e da tomada efetiva de todos os recursos nacionais. Esse estilo clássico, muitas vezes incorporado, é conhecido hoje em dia. Por outro lado, há toda uma dialética oposta, à qual, assim parece, não foi dada suficiente atenção.

Primeiro obstáculo: "os direitos" do antigo ocupante

Há algumas décadas, os governos colonialistas podiam sempre expor as preocupações altamente civilizatórias de seus países. As concessões, as expropriações, a exploração dos trabalhadores, a grande miséria dos povos eram tradicionalmente escamoteadas e negadas. Depois disso, no momento de se retirar desse território, os colonialistas se viram na obrigação de tirar suas máscaras. Nas negociações sobre a independência, a primeira questão eram os interesses econômicos: bancos, zona monetária, permissão para pesquisas, concessões de exploração, inviolabilidade das propriedades roubadas dos camponeses durante a conquista etc. Da obra civilizatória, evangélica ou cultural, não se fazia mais questão. Era hora de escolhas sérias e não de bobagens. Atitudes assim deveriam esclarecer a consciência dos homens lutando em outras regiões do mundo.

Os verdadeiros direitos do invasor foram então perfeitamente identificados. A minoria vinda da metrópole, as missões universitárias, a assistência técnica, a amizade afirmada e confirmada passaram para o segundo plano. Obviamente, o que importava agora eram os direitos reais que o invasor pretendia arrancar do povo como preço a ser pago por uma fatia de independência.

A aceitação de uma soberania nominal e a recusa absoluta de uma independência real, eis a reação típica das nações colonialistas com respeito a suas antigas colônias. O neocolonialismo está impregnado de algumas ideias que, se constituem sua força, preparam sua inevitável decadência.

No curso da luta de libertação, as coisas não estão claras na consciência do povo combatente. Recusa simultânea à inexistência política, à miséria, ao analfabetismo, ao complexo de inferioridade sabiamente instilado pela opressão, sua luta é por muito tempo indiferenciada. O neocolonialismo tira proveito dessa indeterminação. Armado de uma benevolência revolucionária e espetacular, vai conceder tudo à antiga colônia. Com isso, porém, obtém dela uma dependência econômica que se torna um programa de ajuda e assistência.

Vimos que, na maior parte do tempo, essa tentativa triunfa. A originalidade dessa fase é que ela é necessariamente curta. Pois é preciso pouco tempo para que o povo perceba que nada de fundamental mudou. Passados os momentos de vibração e entusiasmo diante do espetáculo da bandeira nacional tremulando ao vento, o povo reencontra a dimensão principal de sua exigência: pão, roupas, abrigo.

O neocolonialismo, ao se propor a fazer justiça à dignidade humana em geral, volta-se essencialmente à burguesia e aos intelectuais do país colonial.

Hoje os povos já não se satisfazem quando o país colonial reconhece o valor de suas elites. Os povos querem uma mudança verdadeira e imediata. E assim a luta é retomada com uma violência irrefutável.

Nessa segunda fase, o invasor se irrita e se lança com todas as suas forças. O que foi extorquido por bombardeios é convertido no resultado de livres negociações. O antigo invasor intervém, ciente de seus deveres, e novamente instala sua guerra num país independente.

Todas as antigas colônias, da Indonésia ao Egito, passando pelo Panamá, que pretenderam denunciar os acordos arrancados à força se veem na obrigação de sustentar uma nova guerra e, às vezes, de ver sua soberania novamente violada e amputada.

Principais verdades a respeito do problema colonial 187

Os famosos direitos do invasor, a chantagem do passado de vida em comum, a persistência de um pacto colonial rejuvenescido constituem as bases permanentes de um ataque à soberania nacional.

Segundo obstáculo: as zonas de influência

A preocupação em manter a antiga colônia sob o jugo da opressão econômica não é, evidentemente, uma questão de sadismo. Não é por maldade ou má vontade que se adota essa atitude. É que a gestão das riquezas nacionais pelos próprios povos coloniais compromete o equilíbrio econômico do antigo invasor. A reconversão da economia colonial, as indústrias de transformação de matérias-primas provenientes dos territórios subdesenvolvidos, o fim do pacto colonial, a competição com os capitais estrangeiros constituem um perigo mortal para o imperialismo.

Para nações como a Inglaterra e a França, há aqui a questão das zonas de influência. Unânimes em sua decisão de suprimir a reivindicação nacional dos povos coloniais, esses países travam uma luta gigantesca pela apropriação dos mercados mundiais. As batalhas econômicas entre a França, a Inglaterra e os Estados Unidos no Oriente Médio, no Extremo Oriente e agora na África dão a medida da voracidade e da bestialidade imperialistas. E não é exagero dizer que essas batalhas são a causa direta das estratégias que, ainda hoje, abalam os Estados recém-independentes. Em circunstâncias excepcionais, as zonas de influência da libra esterlina, do dólar ou do franco se convertem e se tornam, em um passe de mágica, o mundo ocidental. Hoje em dia, no Líbano e no Iraque, a acreditar no sr. André Malraux, é o *homo occidentalis* que se encontra em perigo.

O petróleo iraquiano eliminou todas as interdições e tornou concretos os verdadeiros problemas. Temos na memória as violentas intervenções das forças armadas norte-americanas no arquipélago das Antilhas ou na América Latina a cada vez que as ditaduras apoiadas pela política norte-americana se viram em perigo. Os marines que hoje se lançam sobre Beirute são os irmãos daqueles que, de tempos em tempos, vão restabelecer a "ordem" no Haiti, na Costa Rica, no Panamá. É que os Estados Unidos acreditam que as duas Américas constituem um mundo regido pela doutrina Monroe, cuja aplicação é confiada às forças norte-americanas. O único artigo dessa doutrina estipula que a América pertence aos americanos, ou seja, ao Departamento de Estado.

Com esses mercados se revelando insuficientes, a América fatalmente se voltaria para outras regiões, no caso o Extremo Oriente, o Oriente Médio e a África. Competição de abutres; suas criações são a doutrina Eisenhower contra a Inglaterra no Oriente Médio; o apoio a Ngo Din Diem contra a França na Indochina; a Comissão de Ajuda Econômica na África, anunciada pela viagem presidencial do sr. Nixon, contra a França, a Inglaterra e a Bélgica.

Cada luta de libertação nacional deve levar em conta as zonas de influência.

Principais verdades a respeito do problema colonial   189

A guerra fria

Essa estratégia competitiva das nações ocidentais se situa, além disso, no âmbito cada vez mais amplo da política dos dois blocos que faz pesar sobre o mundo, já há dez anos, uma ameaça concreta de desintegração atômica. E certamente não é por acaso que, por trás de cada reivindicação nacional de um povo colonial, descobre-se, de forma quase estereotipada, a mão ou o olho de Moscou. É que toda objeção feita à supremacia do Ocidente numa parte do mundo é um atentado concreto ao seu poder econômico, à extensão de suas bases militares estratégicas, uma limitação de seu potencial.

Cada contestação dos direitos do Ocidente sobre um país colonial é, ao mesmo tempo, vivenciada como enfraquecimento do mundo ocidental e como reforço do mundo comunista.

Hoje, uma ilha como Chipre, que quase não possui recursos próprios e tem uma população de apenas meio milhão de homens, torna-se objeto de rivalidades violentas. E até mesmo a Otan, essa organização encarregada de impedir a invasão soviética, se vê em perigo diante dos problemas que surgem em torno da ilha de Chipre.

O terceiro bloco

O posicionamento de alguns países recém-independentes, decididos a permanecer fora da política dos blocos, introduziu uma dimensão original no equilíbrio de forças no mundo. Política dita de neutralismo positivo, de não dependência, de não engajamento, da terceira força, os países subdesenvolvidos que acordam após um longo sono de escravidão e opressão avaliaram ser seu dever ficar fora de qualquer preocupação belicista a fim de se consagrarem ao desenvolvimento econômico, à redução da fome, à promoção do homem.

E, na verdade, o que os ocidentais não entenderam é que atualmente está surgindo um novo humanismo, uma nova teoria do homem que tem sua raiz no próprio homem e que só deseja o triunfo inigualável desse homem. É fácil tratar o presidente indiano Jawaharlal Nehru como um indeciso porque ele se recusa a se atrelar ao imperialismo ocidental, e os presidentes Nasser ou Sukarno como violentos quando nacionalizam suas companhias ou reivindicam as partes de seu território que ainda estão sob o domínio estrangeiro. O que não se vê é que os 350 milhões de hindus, que conheceram a fome do imperialismo inglês, agora exigem pão, paz e bem-estar. Que os felás egípcios ou os *boys** indonésios, que permitiam aos escritores ocidentais produzirem uma obra exótica, estão decididos a tomar seu destino em mãos e recusam fazer o papel de paisagem inerte que lhes fora atribuído.

O prestígio do Ocidente

E aqui tocamos num problema psicológico que decerto não é fundamental, mas que faz parte da constituição da dialética que se desenvolve atualmente. Sistema econômico padrão, logo de opressão, o Ocidente também tira partido de sua supe-

---

* Funcionários domésticos, geralmente mal pagos e explorados, sobretudo durante o período de dominação colonial. (N. T.)

Principais verdades a respeito do problema colonial 191

rioridade humanista. "O modelo" ocidental se vê atingido em sua essência e finalidade. Os amarelos, os árabes e os negros querem hoje apresentar seus projetos, afirmar seus valores, definir suas relações com o mundo. A negação do capachismo político está ligada à recusa do capachismo econômico e do capachismo cultural. Não é mais verdade que a promoção dos valores tenha de passar pela peneira do Ocidente. Não é mais verdade que devamos constantemente seguir a reboque, acompanhar, depender de quem quer que seja. Todos os países coloniais que travam a luta hoje em dia devem saber que a independência política que arrancarem ao inimigo em troca da manutenção de uma dependência econômica não passa de logro; que uma segunda fase de libertação total é necessária porque é exigida pelas massas populares; que essa segunda fase, por ser fundamental, deve ser dura e travada com severidade; que, enfim, nesse estágio, será preciso ter em conta a estratégia mundial dos blocos, pois o Ocidente é ao mesmo tempo confrontado com um duplo problema: o perigo comunista e o surgimento de um terceiro bloco, neutro, representado essencialmente pelos países subdesenvolvidos.

Hoje, o futuro de cada homem mantém estreitas relações de dependência com o restante do universo. É por isso que os povos coloniais devem redobrar sua vigilância e seu vigor. O surgimento de um novo humanismo tem esse preço. Os lobos não devem mais encontrar uma ovelha isolada. É preciso que o imperialismo seja barrado em todas as suas tentativas de reforço. Os povos o querem, o processo histórico o exige.

12. A lição de Cotonou[28]

"O CONGRESSO ADOTA A PALAVRA de ordem da independência imediata e decide tomar todas as medidas necessárias para mobilizar as massas africanas em torno dessa palavra de ordem e traduzir em fatos esse desejo de independência."

É com esses termos que se encerra a declaração de guerra que acaba de ser dirigida, de Cotonou, ao governo francês do general Charles de Gaulle pelos povos da África Negra.

Já em Bamako, em setembro de 1957, o dispositivo de segurança posto em vigor pela *Loi-Cadre* tinha sido atacado. O traidor Houphouët-Boigny e seus cúmplices tiveram de recuar diante da reivindicação nacional africana. Todos os especialistas em letargia colonial tinham então se dirigido ao local para ver consagrada a sua vitória.

Ora, em Bamako, os africanos rejeitaram a *Loi-Cadre*, rejeitaram a irresponsabilidade a que o colonialismo os condenava.

Em Bamako, a trava de segurança na África Negra foi pulverizada. Entrou em marcha um processo. Cotonou é a avant--première da grande luta de libertação, ao fim da qual 30 milhões de africanos conquistarão a independência.

Ninguém esquece a euforia que reinou nos meios políticos franceses depois da aprovação da *Loi-Cadre*. Pela primeira vez, afirmava-se, a França toma a iniciativa e, segundo "sua tradição mais essencial", antecipa-se à reivindicação dos povos. Ora,

A lição de Cotonou

precisamente, o observador lúcido das coisas da África Negra sabia perfeitamente que a Lei Defferre estava infinitamente aquém das aspirações das massas africanas.

Os trabalhadores africanos, os estudantes africanos estão há muitos anos contidos, retidos pelos parlamentares de seu continente.

Na África Negra, desde 1947, a tranquilidade do colonialismo francês se deve à traição inqualificável de certas elites africanas.

Desde 1947, de forma difusa, e de maneira bem mais harmonizada desde 1953, os sindicalistas africanos desenvolvem sua ação de acordo com uma perspectiva deliberadamente nacional.

Distantes de qualquer corporativismo, inseridos na dupla ótica da africanização dos quadros e da nacionalização, logo da independência, as ações sindicais imprimiram um estilo absolutamente novo à luta contra o colonialismo francês.

A UGTAN [Union Générale des Travailleurs d'Afrique Noire], que estende suas redes sobre o conjunto do país, asfixia progressivamente a fera colonialista. Em face dos trabalhadores que exigem a nacionalização e a socialização das empresas e propriedades, o colonialismo, horrorizado, apressa-se para mobilizar novos mercenários que defendam, na África Negra, a civilização ocidental.

De sua parte, a Federação dos Estudantes da África Negra tem realizado há muitos anos um profundo trabalho de propaganda, de desmitificação efetiva, de apresentação de palavras de ordem inteligíveis. Razão pela qual a polícia do traidor Houphouët-Boigny atua de forma implacável contra os estudantes responsáveis. Na França, a polícia das cidades universitárias, por solicitação do ministro Houphouët-Boigny, tem perseguido, prendido e torturado estudantes da África Negra.

Cancelamento de bolsas, chantagens, apreensões e a interdição do jornal da Federação dos Estudantes foram outras operações realizadas sob a autoridade de Houphouët-Boigny. Além disso, na África Negra, os estudantes que se opõem à política de traição de certos dirigentes da RDA não são empregados como funcionários pelos ridículos conselhos de governo; são vigiados, demitidos, expulsos do território. A despeito dessas manobras policiais, apesar dessas medidas intimidatórias, os estudantes da África Negra afirmaram em Cotonou, pela voz de seu presidente, sua firme decisão de passar para a ação direta e conquistar a independência nacional pelas armas.

O sr. Gaston Defferre, que associaria seu nome a essa paródia de política liberal, desde então teve tempo para meditar sobre "a ingratidão dos africanos". Com a *Loi-Cadre*, o colonialismo francês pensava ter conquistado uns bons vinte anos de compromisso contra o vírus nacionalista. A *Loi-Cadre* oficializou a divisão do Continente Africano, criou aqui e ali conselhos de governo, instituiu zonas econômicas competitivas. A centralização, a unidade territorial, a constituição da nação, a integração econômica do país deram lugar à hedionda balcanização da África Negra.

O erro do sr. Houphouët-Boigny e de seus cúmplices foi não ter levado suficientemente em conta a investida argelina que há quatro anos abala os fundamentos do Império francês.

Por ter se engajado na Argélia para além do bom senso, o colonialismo francês deverá ali perecer. Com o fim da Guerra da Argélia, com a vitória das forças armadas do ALN e a independência do país, todo o sistema imperial francês irá desmoronar.

A resolução do Congresso de Cotonou não é importante apenas por apresentar como objetivo a independência imediata. Os

A lição de Cotonou

próprios termos em que essa independência é exigida, o conteúdo social, a nitidez com que são usadas as noções de socialismo, de coletivização, de comunidade progressista indicam que os africanos não buscam apenas uma independência formal.

Em Cotonou, não assistimos à evolução dos espíritos africanos, mas sim a uma mutação essencial que conduz ao domínio efetivo do país pelo povo.

Desde Cotonou, o colonialismo francês está abatido e sem voz.

Ora, há quatro anos, pelo fato de existir na África a Revolução Argelina, a reivindicação nacional dos outros povos africanos se inspira amplamente no próprio movimento de nossa revolução. Há quatro anos, é a própria existência do colonialismo na África que é despedaçada pelo povo argelino, e hoje é um lugar-comum reconhecer que um certo número de países independentes em 1958 não o seriam, com certeza, se o colonialismo francês, entre outros, não tivesse sofrido os inumeráveis golpes que lhe desferiu o povo argelino.

Guy Mollet, Bourgès-Maunoury, Gaillard, Pierre Pflimlin, o De Gaulle salvador da França, pré-fascista antes de o ser totalmente, são acidentes históricos diversos que foram suscitados na França pelo encontro armado da vontade nacional do povo argelino com a vontade da opressão colonialista dos governantes franceses.

Essa curva da vida política francesa que evolui, desde 1954, da social-democracia traidora de seus mais elementares princípios até a ditadura fascista e militar: eis o negativo do heroísmo revolucionário do povo argelino.

É por isso que, daqui por diante, não poderá haver hesitação por parte das massas nacionais da África. De imediato e com um violento empurrão, ei-las aqui à altura da reivindicação imediata e total.

O colonialismo francês busca uma resposta colonialista às aspirações nacionais africanas expressas em Cotonou. Alguns observadores avaliam que De Gaulle encontrará um meio-termo entre a *Loi-Cadre* e a independência.

A FLN, após uma análise dos fatos e considerando as insuperáveis dificuldades que a lei criou na França e na Argélia, avalia que os povos da África Negra sob dominação francesa não devem recuar, mas, ao contrário, mostrar com firmeza e sem concessões que o momento das soluções confusas está irremediavelmente ultrapassado.

A França está acuada, é preciso acuá-la ainda mais, cortar-lhe todos os laços, asfixiá-la sem piedade, eliminar qualquer projeto de dominação. Em 1958, a França é incapaz, do ponto de vista material e humano, econômico e político, de travar uma guerra na África Negra.

É por isso que os povos africanos devem ir em frente, acentuar sua pressão e exigir, de imediato, sua independência. As massas e as elite africanas devem desde já fazer os arranjos necessários para passar à ação direta, pegar em armas, semear o pânico entre as fileiras colonialistas.

De sua parte, a FLN e o ALN estão prontos para ajudar os povos africanos em sua luta de libertação. Não se poderá dizer que o imperialismo francês, depois de sair da Argélia, conseguirá se manter na África. A palavra de ordem deve ser:

"Africanos, africanas, às armas! Morte ao colonialismo francês!"

13. Apelo aos africanos[29]

QUANDO O GENERAL DE GAULLE, durante sua viagem ao ultramar, sob pressão das massas africanas, teve de precisar o sentido do referendo* — para os territórios sob domínio colonial —, a esquerda francesa e a opinião internacional acreditaram estar vendo nessa declaração a primeira manifestação do que se convencionou chamar de liberalismo do chefe do governo francês.

Passadas as primeiras horas de surpresa, foi necessário retornar aos textos, às realidades, logo às possibilidades concretas deixadas aos homens da África Negra.

Na realidade, graças à operação do referendo, o general De Gaulle envolveu todas as "possessões francesas" num processo indefinido de domesticação livremente consentida. Para começar, como o referendo responde às aspirações nacionais africanas? O colonialismo francês contrapõe seu exército, sua polícia, seus tradicionais colaboracionistas e busca suporte em assembleias locais já bastante comprometidas e desacreditadas.

Se em certos Estados o Conselho de Governo adotou uma atitude de reivindicação nacional, o colonialismo francês, na maioria dos casos, garantiu o apoio de políticos africanos.

---

* Votado pela população da metrópole e das colônias, em 28 de setembro de 1958, estabeleceu nova Constituição e marca o início da Quinta República e a volta de De Gaulle à presidência. (N. T.)

Os africanos que pedem a seus compatriotas que apoiem De Gaulle e "a comunidade franco-africana" mostram uma grande incompreensão dos problemas da descolonização e uma ignorância criminosa em relação às aspirações nacionais dos povos africanos.

Participar através do voto, expressar-se em pleitos sobre questões estritamente francesas, dá corpo a essa "união francesa" transformada por necessidade em "comunidade franco-africana", aliena a personalidade africana e, como diz a Constituição, instaura uma nacionalidade única.

Participar através do voto é, tacitamente, reconhecer-se membro de uma mesma família, de uma mesma nação com problemas em comum, enquanto na realidade cada africano que votar por ocasião do referendo vai amarrar um pouco mais seu povo e seu país ao colonialismo francês.

A presença massiva de forças militares e policiais francesas na África Negra, a agitação dos políticos comprometidos, suas declarações, seus veementes convites a seu povo para que vote sim e as tradições de fraude eleitoral não deixam dúvida alguma sobre os resultados do referendo na África Negra.

Em alguns Estados, a Constituição francesa será adotada no plebiscito por uma enorme maioria.

Ora, a partir de 1º de outubro, quatro grandes problemas vão se apresentar aos franceses e aos africanos. Os Estados africanos enviarão seus deputados à Assembleia Nacional francesa? A representação de 30 milhões de africanos será proporcional? Os africanos terão o direito de discutir seu orçamento, a possibilidade de controlar os investimentos relativos a seus respectivos territórios? Será que a França pretende, apesar da oposição dos africanos, criar essa "Euráfrica" que deve consa-

Apelo aos africanos

grar o fatiamento da África em áreas de influência europeias e em benefício exclusivo das economias europeias? A França pretende manter os Estados africanos no âmbito da Otan? Os Estados africanos, na era de Bandung, querem existir no plano internacional e reivindicam seu lugar na ONU. Como a França espera conciliar a manutenção do pacto colonial com a existência nacional dos Estados africanos?

Todas essas questões surgirão no dia seguinte ao do referendo, quando os africanos e africanas avaliarem a profundidade da mistificação.

Uma vez mais, o colonialismo francês acabará perdendo no longo prazo. De Gaulle, na África, nada terá trazido de decisivo. Persistirão os mesmos problemas, as mesmas exigências, a mesma reivindicação nacional. O colonialismo francês vai se opor com a mesma má-fé, com os mesmos métodos, a essas reivindicações nacionais. A luta continuará, portanto, mas com a diferença de que a fase parlamentar parece definitivamente descartada. Na África Negra, é cada vez mais imperativo iniciar a luta armada pela libertação do território nacional.

Uma vez mais, o colonialismo francês fecha todas as portas. Em vez de convidar os representantes autênticos dos povos que domina a participarem de uma discussão construtiva que possa levar ao fim do pacto colonial e ao reconhecimento de soberanias nacionais particulares, ele perpetua o ciclo da mentira, do terror, da guerra, tornando assim extremamente difícil a reconciliação dos povos.

14. Perspectivas de um plebiscito na África[30]

NUMA PERSPECTIVA CLÁSSICA, o sucesso de um plebiscito garante às autoridades responsáveis pelo golpe de Estado um período mais ou menos longo de usufruto do poder. O exercício da autoridade possibilitado pelo plebiscito, para que seja válido e para recompensar os autores do golpe, deve lhes permitir obter o máximo de vantagens durante o maior tempo possível e em relativa tranquilidade.

A ação conjugada dos colonialistas franceses, dos fascistas com sua vanguarda pretoriana em Argel e das forças reacionárias na França conseguiu impor a arbitragem do general De Gaulle.

A preparação do complô

As forças fascistas desse complô se propunham a utilizar o nome do general De Gaulle para estabelecer organizações capazes de tomar efetivamente o poder, às quais caberia posteriormente livrar-se do general-presidente.

Durante os três últimos meses, principalmente na França e na Argélia, tem se assistido, em torno do núcleo básico dos insurrectos de 13 de maio,* a uma cristalização de todas as cor-

---

* Levante em Argel, em 1958, detonou a crise que levou ao referendo de fundação da Quinta República francesa. (N. T.)

Perspectivas de um plebiscito na África　　　201

rentes racistas, ultrachauvinistas e fascistas existentes entre os franceses. Paralelamente, tem se assistido à colonização do aparelho de Estado pelos membros dessas milícias.

As medidas, também elas clássicas, que sempre se sucedem a um plebiscito foram anunciadas de maneira intempestiva: um chamado à razão dirigido aos partidários da capitulação e, sobretudo, a proscrição legal dos grupos de oposição.

As forças colonialistas, que avalizaram e apoiaram totalmente a experiência fascista, estavam apavoradas diante da possibilidade de qualquer processo de descolonização. Depois das experiências da Tunísia e do Marrocos, além daquela, muito mais traumatizante, da Indochina, os círculos colonialistas tinham feito o juramento de não tolerar novas capitulações. Assim, esses círculos se juntaram com entusiasmo às fileiras fascistas, aos gritos de: "Argélia francesa" e "Não à capitulação".

Ao mesmo tempo, os "mascates do império", como Mendès France e Edgar Faure, viram-se acusados de traição.

Os círculos colonialistas se uniram ao general De Gaulle porque, aos seus olhos, ele era capaz de preservar a Argélia para a França, de manter intacto o Império francês e talvez, havendo a oportunidade, de reconquistar os territórios perdidos.

De sua parte, os reacionários que responderam ao apelo fascista eram impelidos sobretudo pelo desejo de ter ao seu lado forças gratuitas pagas pelo Estado, cujos interesses iam no mesmo sentido que os deles, para consolidar sua autoridade na França e estancar a ação e as esperanças da classe trabalhadora francesa.

A vitória...

No dia seguinte ao 28 de setembro, os responsáveis pelo golpe de Estado podiam, assim, declarar-se satisfeitos. Nos territórios "de ultramar", 98% dos coloniais haviam dito "sim" ao general De Gaulle e à França. No território francês, 80% dos nacionais, tendo compreendido seus interesses e se dissociando da tutela dos "partidos do estrangeiro", haviam aderido maciçamente à carta proposta por De Gaulle.

Uma semana depois do referendo, na esteira desse sucesso colossal, maciço, milagroso, a iniciativa fascista começa a vacilar. A Guerra da Argélia, em torno da qual se organizou o referendo cuja exploração possibilitou o sucesso grandioso divulgado pela imprensa, limita — por sua existência, seu caráter e sua duração — o valor desse plebiscito. Na sequência do 28 de setembro, constrangidos por seus 98% de votos, o general Charles de Gaulle e seus apoiadores não sabem mais para onde se voltar. É que, dia após dia, aparecem novos dados que matizam o alcance do "sim".

... e a frustração

Na África Ocidental, o sr. Mokhtar Ould Daddah, presidente do Conselho da Mauritânia, território em que o "sim" obtivera 93% dos votos, declarou em 1º de outubro:

> Penso que a atual Assembleia territorial deveria renunciar para permitir a eleição, em janeiro, de uma nova Assembleia, à qual o atual Conselho de Governo enviará sua demissão. O novo go-

Perspectivas de um plebiscito na África 203

verno e a nova Assembleia optarão pela condição de Estado-membro da comunidade e elaborarão a Constituição local, que será submetida ao povo da Mauritânia por meio de um referendo.

E o sr. Ould Daddah acrescentou:

Sairemos assim, quando for chegado o momento, da comunidade de povos livres, prevista no título 12, sem no entanto romper os laços com a França e os Estados da Comunidade, e estabeleceremos com eles os acordos de associação previstos no título 13.

No Daomé, onde a percentagem de votos chega a 98%, o sr. Sourou-Migan Apithy, presidente do Conselho de Governo, acaba de anunciar a necessidade de os líderes políticos da África se consultarem entre si para adotar uma atitude comum diante da França. Definindo o sentido que tem para ele o "sim" daomeano, o sr. Apithy acrescentou:

Por livre escolha das massas e pela livre vontade de seus eleitos, nascerá amanhã, dentro da comunidade, o Estado daomeano. Plenamente autônomo, esse Estado poderá preparar, em paz e preservando a amizade com os outros povos africanos, da mesma forma que com a metrópole, seu acesso ao desenvolvimento econômico e social que lhe permitirá um dia tornar-se um Estado associado independente.

No Senegal, onde a adesão ao "sim" foi de 97%, a oposição sindicalista e as organizações de jovens continuam a pressionar os srs. Sédar Senghor e Lamine Gueye. Já em Cotonou, o sr. Senghor, que parece não querer se libertar da confusão que reina em seu espírito, fora obrigado a se alinhar à independência da África Negra. Estabelecendo uma aliança tática com seu adversário Lamine Gueye, ele conseguiu enganar as massas africanas, fazendo-as votar "sim". Ora, na sequência do sucesso do plebiscito, Senghor se viu forçado a atribuir ao voto do Senegal um significado preciso. É um "sim" — diz ele — à independência africana na unidade reencontrada.

É evidente que Senghor ainda vai tentar iludir as massas senegalesas, mas suas possibilidades de ação estão se tornando cada vez mais limitadas. A recente declaração de Mamadou Dia, presidente do Conselho do Senegal, é significativa: "Nós temos essencialmente a preocupação de preparar nossa independência".

No Níger, o governo conseguiu derrotar a política nacionalista de Djibo Bakary. Cabe notar que, depois da Guiné, o Níger é o território africano onde o "não" obteve mais votos. Com a ajuda dos colonialistas e dos administradores, o governo conseguiu garantir o sucesso da consulta eleitoral de 28 de setembro, mas está claro que as massas nigerinas vão exigir nas próximas semanas que suas reivindicações nacionais sejam levadas em consideração. Evidentemente, o mínimo que podem fazer os outros territórios da África Ocidental, inclusive a fiel Costa do Marfim, é escolher a condição de Estado autônomo associado à França.

O sr. Houphouët-Boigny tentará, talvez, defender sua teoria do federalismo integral, mas é duvidoso que consiga atingir seus fins. Apesar de De Gaulle, apesar do 13 de maio, apesar do referendo, a África Ocidental vai se constituir em Estados autônomos para, num segundo momento, estudar com os representantes franceses as modalidades de cooperação com a antiga metrópole.

Na África Equatorial, as coisas estão muito mais claras. No Gabão, os círculos colonialistas foram abalados pela importância do "não": muitas dezenas de milhares.

A força política da oposição no Gabão é tal que o sr. Léon M´Ba, presidente do Conselho de Governo, ao sair de Libreville no dia 3 de outubro para se lançar nas discussões em Paris com o governo francês, anunciava sua decisão de criar um Estado gabonês. Muito mais importante, porém, é o anúncio, feito alguns dias atrás, da formação de uma missão do Grande Conselho da África Equatorial, encarregada de estudar a criação de um Estado único na África Central. O sr. Hector Rivierez, presidente da Assembleia Territorial de Oubangui-Chari, deu início a consultas com os representantes do Chade, do Médio Congo e do Gabão a fim de estabelecer o Estado, a nacionalidade e planejar as relações com os outros territórios da África e da França. A velha Loi-Cadre, que tinha por função fragmentar a África, foi relegada a se juntar, nos museus da história, às outras tentativas do colonialismo para se manter.

Em Madagascar, onde o submisso Philibert Tsiranana não teme avaliar o "sim" malgaxe como um "não" a Moscou, o colonialismo não tem sido mais feliz. O sr. Tsiranana, o Chérif Sid-Cara de Madagascar, numa declaração feita um dia após o referendo, admite que os malgaxes vão, enfim, ver concretizada a sua República.

Nas Antilhas, alguns ficaram surpresos com a percentagem de "sim" obtida graças à posição do sr. Aimé Césaire. A independência das Antilhas Francesas é possível hoje? Essa é a questão com que Césaire se defronta. Ele poderia responder de forma afirmativa, escolher a independência das Antilhas e solicitar o ingresso na federação caribenha. Terá ele avaliado precisamente que essa federação em vias de nascer não é estruturada o bastante e ainda depende muito estreitamente da Coroa britânica? O que é certo é que, tanto nas Antilhas quanto em outros lugares, nenhum líder pode se iludir quanto ao valor de sua pessoa ou quanto ao amor que as massas lhe devotariam quando a vontade de independência nacional de seu país está envolvida.

O caso da Guiné

Para dar início à libertação da África Negra, era preciso uma coisa: que ao menos um território dissesse não à Constituição do general De Gaulle. A Guiné, liderada por Ahmed Sekou Touré, ganhou sua independência.

A existência de uma Guiné independente desequilibra de forma profunda e irreversível o regime colonial francês na África Negra. Tendo fronteiras comuns com o Senegal, o Sudão e a Costa do Marfim, a Guiné vai cristalizar em torno de si todas as potencialidades nacionalistas que existem na África Negra. Afirmou-se que os outros líderes políticos africanos haviam rejeitado o "não" com receio de represálias econômicas do governo francês. Mas ninguém ignora a fragilidade desses argumentos. Políticos como Houphouët-Boigny e o padre Fulbert Youlou, que militaram pelo "sim", são na realidade contrarrevolucionários, inimigos da independência nacional da África.

Hoje, a República da Guiné, reconhecida por um número crescente de nações e apoiada por patriotas africanos de todos os territórios, reforça sua autoridade e afasta de seu caminho todo medo e todo receio. Os outros dirigentes da África Negra,

Perspectivas de um plebiscito na África 207

os mesmos que anunciavam catástrofes na Guiné, agora debatem e descobrem que o jugo do colonialismo na África Negra foi superado há muito tempo. E assim se desfazem o contato compulsório com o colono e a violência com que a dominação francesa era vivenciada. A União Soviética acaba de reconhecer a República da Guiné e os Estados africanos, por solicitação da Tunísia, acabam de propor ao sr. Sekou Touré o envio de uma missão encarregada de estudar as necessidades materiais e técnicas da jovem república.

Ilustrando essa solidariedade africana forjada na luta contra o colonialismo, o Governo Provisório da República da Guiné está dando forma concreta às linhas diretrizes que inspiram nossa ação e prefiguram os laços de colaboração estreita que devem existir entre os novos Estados independentes da África.

Porque existe a Guiné independente, os homens da África Negra logo poderão comparar sua sorte com a de seus irmãos de ontem, escravizados pelo colonialismo francês.

O sr. Houphouët-Boigny não sossegou enquanto não convenceu os povos africanos de que a condição de nativo era a mais desejável. Que sem a proteção da pátria-mãe francesa os homens da África Negra seriam abandonados.

É da Guiné, ponta de lança da liberdade, que partirão todas as ondas que vão aniquilar a dominação francesa na África Negra.

O referendo na França

Os observadores estrangeiros ficaram, em geral, impressionados com a percentagem de votos positivos obtida pelo general

208 *Rumo à libertação da África*

De Gaulle. As previsões mais otimistas apontavam para 65% a 70%. Mas foi por 80% que o referendo foi aprovado na França. Um desinteresse dos franceses pelas formações políticas de esquerda logo foi diagnosticado.

Uma análise da votação, contudo, permite chegar a outras conclusões. Contra 17,6 milhões de "sim", contaram-se 4,6 milhões de "não". Treze milhões de votos de diferença fornecem, assim, a medida do prestígio presidencial. Os comunistas mostram um recuo bastante nítido, avaliado em um terço. Além disso, os líderes políticos da esquerda, Raymond Badiou, Mendès France, Bourgès-Maunoury, que militaram pela rejeição da Constituição, seriam os grandes derrotados nesse confronto eleitoral. Parece, assim, que com o referendo se assistiu a um processo em que as perspectivas democráticas na França foram postas em hibernação.

Ora, as declarações de políticos com o sr. Defferre rompem a homogeneidade dos resultados. Milhões de franceses e francesas votaram "sim" para pôr um fim à Guerra da Argélia. Outros, para que o império permanecesse intacto. Viu-se que o referendo nos territórios coloniais deflagrou irreversivelmente a libertação dos povos oprimidos e que a última manifestação do general De Gaulle em Constantina é uma autêntica retomada da guerra. Depois de haver prometido o perdão aos "rebeldes", o presidente do Conselho francês, seguindo a tradição de seus colegas da finada Quarta República, anuncia o progresso social e econômico.

Tendo chegado ao poder para implantar a paz na Argélia, De Gaulle provoca a ampliação do conflito na França. Desde 24 de agosto, as bases econômicas e estratégicas francesas são sabotadas pelos grupos de ação da FLN. Guerra na Argélia, guerra na França, o colonialismo, seu corpo expedicionário e suas bases

Perspectivas de um plebiscito na África 209

de apoio estão sob os golpes da Revolução Argelina. A paz na Argélia e a paz na França dependem agora do reconhecimento pela França da independência argelina.

De Gaulle derrotado pelo povo argelino

Pode-se legitimamente imaginar as causas dessa deterioração da situação na África Negra. Como um sucesso colossal como o obtido no referendo pode tão rapidamente transformar-se em falência e na derrota do colonialismo?

Se não se fazem referências constantes à luta do povo argelino, corre-se o risco de não compreender precisamente a evolução das relações entre as colônias e a dominação francesa.

Como se revelaram incapazes de vencer o exército nacional argelino, as forças colonialistas se viram desprovidas de qualquer prestígio, e o temor que inspiravam aos povos colonizados desapareceu em definitivo. A guerra que o povo argelino trava há quatro anos preparou o terreno para o colapso francês na África. De agora em diante, está aberto o caminho para todos os países ocupados pelo colonialismo francês.

O povo argelino, fiel a seu compromisso de extirpar qualquer vestígio da dominação francesa na África, prossegue no combate.

Até o dia 15 de novembro, o general De Gaulle se verá na obrigação de reconhecer os Estados autônomos da África Negra.

Ao mesmo tempo, ele promete postos no funcionalismo aos argelinos.

A miséria política e o paradoxo lógico continuam. Mas essa é a marca da confusão, da cegueira histórica — logo, da derrota.

15. A Guerra da Argélia e a libertação dos homens[31]

Frequentemente, a análise e a apreciação de determinado evento se revelam inadequadas e as conclusões, paradoxais, pois, precisamente, não foram levados suficientemente em conta os laços orgânicos existentes entre um evento em particular e o desenvolvimento histórico do todo no qual ele se insere.

É assim que, para dar um exemplo, o reforço dialético existente entre o movimento de libertação dos povos colonizados e a luta de emancipação das classes trabalhadoras exploradas nos países imperialistas é por vezes submetido a uma espécie de negligência, ou até esquecido.

O operário e o colonizado...

O processo de libertação do homem, independentemente das situações concretas em que se encontre, engloba e diz respeito a toda a humanidade. A luta pela dignidade nacional confere à luta pelo pão e pela dignidade social sua verdadeira significação. Essa relação interna é uma das raízes da solidariedade humana que une os povos oprimidos às massas exploradas dos países colonialistas.

No curso das diferentes guerras de libertação nacional que têm se sucedido nos últimos vinte anos, não foi raro constatar certo tom de hostilidade, e mesmo de ódio, do operário colonialista em relação ao colonizado. É que o recuo do imperialismo e a reconversão das estruturas subdesenvolvidas específicas do Estado colonial se fazem acompanhar imediatamente por crises econômicas que os operários do país colonialista são os primeiros a sentir. Os capitalistas "metropolitanos" concedem vantagens sociais e aumentos de salários aos seus operários na exata medida em que o Estado colonialista lhes permite explorar e pilhar os territórios ocupados. No momento crítico em que os povos colonizados se lançam à luta e exigem sua independência, ocorre um período difícil durante o qual, paradoxalmente, os interesses dos operários e dos camponeses "metropolitanos" parecem se opor àqueles dos povos colonizados. Os danos causados por essa alienação "inesperada" devem ser reconhecidos e energicamente combatidos.

A luta contra o colonialismo, esse tipo particular de exploração do homem pelo homem, situa-se, portanto, no processo geral de libertação dos homens. Se a solidariedade entre os operários "metropolitanos" e os povos colonizados pode enfrentar crises e tensões, o mesmo raramente se constata entre os povos colonizados. Os homens colonizados têm em comum o fato de ver contestado seu direito de constituir um povo. Diversificando e legitimando essa atitude geral do colonialista, encontram-se o racismo, o ódio, o desprezo do opressor e, correlativamente, o embrutecimento, o analfabetismo, a asfixia moral e a subnutrição endêmica do oprimido.

Solidariedade dos colonizados

Entre os povos colonizados, parece haver uma espécie de comunicação inspiradora e sagrada, que faz com que cada território libertado seja por algum tempo promovido à categoria de "território-guia". A independência de um novo território, a libertação de novos povos é percebida nos países oprimidos como um convite, um estímulo e uma promessa. Cada recuo da dominação colonial na América ou na Ásia reforça a vontade nacional dos povos africanos. É na luta nacional contra o opressor que os povos colonizados têm descoberto, de forma concreta, a solidariedade do bloco colonialista e a necessária interdependência dos movimentos de libertação.

De fato, o enfraquecimento do imperialismo inglês, por exemplo, não pode ser seguido de uma consolidação do imperialismo francês. De imediato, semelhante resultado pode parecer evidente. Na verdade, o fluxo nacional e a emergência de novos Estados preparam e precipitam o inevitável refluxo da coorte imperialista internacional. O aparecimento de povos até ontem desconhecidos no palco da história e sua vontade de participar da edificação de uma civilização no plano mundial conferem ao período contemporâneo uma importância decisiva no processo de humanização do mundo.

O pacto de Bandung concretiza ao mesmo tempo essa união carnal e espiritual dos povos colonizados. Bandung significa o compromisso histórico dos homens oprimidos de se ajudarem uns aos outros e de imporem um recuo definitivo às forças da exploração.

O "território-guia" da Argélia

A Guerra da Argélia ocupa um lugar de destaque no processo de demolição do imperialismo. Há quatro anos o colonialismo francês, um dos mais obstinados desse pós-guerra, se aferra de todas as formas à sua ponta de lança na África. Todos os argumentos militares e políticos foram utilizados para justificar a repressão e a presença francesas na Argélia. As dimensões dessa guerra atroz têm surpreendido e chocado a opinião internacional. O colonialismo francês na Argélia mobilizou todas as suas forças.

O esforço militar, econômico e político despendido pela França na Guerra da Argélia não pode ser avaliado objetivamente senão em função do conjunto da África "francesa". Vencer a Revolução Argelina é certamente expurgar por mais uma dezena de anos o "fermento nacionalista". Mas seria ao mesmo tempo impor o silêncio aos movimentos de libertação e, sobretudo, marcar com o selo da debilidade e da insegurança as jovens independências da Tunísia e do Marrocos.

O colonialismo francês na Argélia enriqueceu consideravelmente a história dos métodos bárbaros empregados pelo colonialismo internacional. Pela primeira vez, assiste-se à mobilização de diversas classes, ao envio de contingentes militares, à redução das forças de defesa nacional em prol de uma guerra de reconquista colonial. Por várias vezes, os governantes franceses anunciaram uma vitória iminente sobre as forças nacionais argelinas. Todas as condições objetivas pareciam reunidas para que essa derrota da Revolução Argelina se concretize. E a cada vez se assiste a uma espécie de milagre, de renovação, de recomeço.

É que o povo argelino sabe que é apoiado por imensas forças democráticas internacionais. Além disso, as massas argelinas estão conscientes da importância de sua luta para o continente africano.

A Guerra da Argélia está longe de ter terminado, e, no início deste quinto ano de conflito, os homens e as mulheres da Argélia, tomados por uma incoercível fome de paz, avaliam lucidamente o caminho muito difícil que lhes falta percorrer. Mas os resultados positivos, decisivos, irreversíveis que sua luta tem viabilizado na África alimentam sua fé e reforçam sua combatividade.

Enquanto a Tunísia e o Marrocos, como protetorados, puderam obter a independência sem colocar fundamentalmente em questão o Império francês, a Argélia, por sua condição, pela duração da ocupação e pela importância da implantação colonialista, traz à tona de forma crítica a questão do colapso do império.

Para o colonialismo francês, a Argélia não é somente um novo conflito colonial, mas também a oportunidade de um confronto decisivo, o teste-limite. As forças francesas também reagiram ao longo desse conflito com uma brutalidade e uma violência frequentemente desconcertantes. O conflito franco-argelino ampliou o problema colonial à escala do continente africano. As outras potências coloniais presentes na África assistem com ansiedade e terror à evolução da Guerra da Argélia. E, do outro lado do Saara, eis que a Guiné independente estende agora sua sombra "subversiva" sobre os territórios mais bem mantidos.

A Argélia, ponta de lança do colonialismo ocidental na África, tornou-se rapidamente o vespeiro em que o imperialismo francês se prendeu e onde as esperanças insensatas dos opressores ocidentais estão desmoronando.

Há quatro anos a Guerra da Argélia domina de forma trágica e decisiva a vida política interna e externa francesa. As relações da França com os outros países ocidentais, suas dificuldades diplomáticas ou às vezes militares com os Estados árabes, a evolução das estruturas colonialistas da antiga união francesa refletem de maneira bastante nítida as diferentes fases da Guerra da Argélia.

Obcecados pelo terror de novas guerras coloniais, os políticos franceses têm multiplicado alertas e convites: repensemos nossos problemas com nossas possessões coloniais, é a frase que, desde 1955, ressoa nas assembleias francesas e nos círculos políticos. A *Loi-Cadre* do sr. Defferre foi criada com o propósito de evitar reivindicações nacionais intempestivas.

Mas a existência da Guerra da Argélia, os detalhes sobre a repressão colonialista que vazaram, o heroísmo do povo argelino despertaram e estimularam a consciência dos homens e mulheres da África.

No início de 1958, em todos os territórios africanos ocupados pela França, a vontade nacional ganha vida, e partidos cada vez mais numerosos e decididos levantam a necessária questão da luta armada.

No Togo e nos Camarões, os eventos assumiram efetivamente o aspecto de uma guerra latente. Em outros lugares, os capatazes do colonialismo multiplicam as declarações paliativas. Ora, o observador percebe de forma clara que, sob essas afirmativas tranquilas, há uma intensa ansiedade e um terror diante da cólera popular.

A Guerra da Argélia abalou profundamente o equilíbrio colonial na África. Não há um único território ocupado nesse continente que não tenha alterado suas perspectivas de futuro em função desse conflito. O povo argelino está consciente da importância da luta na qual se engajou. Desde 1954 ele tem como palavra de ordem a libertação nacional da Argélia e a libertação do continente africano. As críticas comumente endereçadas à FLN, contra sua rígida recusa em aceitar as etapas da descolonização, não consideram na medida necessária as dimensões originalmente africanas da luta nacional argelina.

O colonialismo francês tem de morrer

O apelo ao general De Gaulle foi, nessas condições, a última tentativa do colonialismo francês. Viu-se que De Gaulle pôde apenas aproveitar as consequências de um movimento que vai além dele. A nova Constituição, no que toca à comunidade, dá ainda um lugar de destaque à metrópole, mas admite o indispensável reconhecimento dos Estados autônomos. A criação da República Malgaxe é a primeira manifestação dessa reforma gaullista.

Os círculos colonialistas que haviam depositado sua confiança na intercessão do oportuno general começam agora a se perguntar se não terão feito um mau negócio. Sem terem conseguido aprender com uma exigência irreversível que, se não fosse atendida, poderia colocar a própria França em risco de ser devorada, os colonialistas franceses tendem a considerar De Gaulle como um traidor ou alguém que entrega o país por uma ninharia. Na verdade, o general está mais uma vez salvando os interesses colonialistas ao estabelecer uma comunidade que, desigual, organizada apenas em proveito de uma metrópole, mantém intactas importantes estruturas coloniais.

Com a constituição dos Estados autônomos, o colonialismo francês sai enfraquecido. Mas, sem a intervenção do general De Gaulle, o colapso total do império seria iminente. Aparentemente um traidor da confiança nele depositada, o general De Gaulle é, de fato, o salvador momentâneo de uma certa realidade colonial.

16. A Argélia em Acra[32]

A DELEGAÇÃO ARGELINA, composta por cinco membros, teve em Acra* uma acolhida entusiástica. Essa recepção calorosa é testemunha do importante reconhecimento dado pelos povos africanos, há vários anos.

Compreendemos em Acra que as grandes figuras da Revolução Argelina, como Ahmed Ben Bella, Larbi Ben M'Hidi e Djamila Bouhired, foram incorporadas à epopeia africana.

Foi dado um lugar de destaque a vários membros de nossa delegação. Foi assim que um de nós ocupou um lugar no Comitê Diretor do Congresso e todos os outros foram eleitos por proclamação para a presidência ou vice-presidência de diferentes comissões.

Tal unanimidade em relação à Argélia em luta manifestamente desagradou aos colonialistas, que imaginavam que a luta do povo argelino não teria eco entre os homens e mulheres da África Negra. Na verdade, a Revolução Argelina jamais esteve presente com tanta profundidade e tanto peso como nessa região da África; fossem senegaleses, camaroneses ou sul-africanos, era fácil constatar a existência de uma solidariedade fundamental desses povos para com a luta dos argelinos, seus métodos e objetivos.

---

* Por ocasião da Conferência dos Povos Africanos, também chamada de Conferência Pan-Africana, em dezembro de 1958. (N. T.)

A delegação argelina apresentou com muita clareza aos congressistas o problema da luta armada. Alguns observadores e alguns jornalistas, nas primeiras horas do Congresso, acreditaram-se autorizados a telegrafar a seus jornais comunicando que a Argélia havia decidido travar o combate anticolonialista com métodos pacíficos.

Alguns deles nem mesmo hesitaram em dar a entender que se estava assistindo oficialmente a uma condenação do movimento revolucionário argelino.

Ora, desde o primeiro dia o Congresso entrou em sua órbita autêntica e a luta argelina se tornava ao mesmo tempo o ponto fraco do sistema colonial e o baluarte dos povos africanos.

É que os congressistas logo se convenceram de que o interesse dos colonialistas pela África e os movimentos iniciais rumo à descolonização que surgiam aqui e ali não se devem à generosidade ou a um súbito discernimento dos opressores.

A Guerra da Argélia teve um peso decisivo nesse congresso porque, pela primeira vez, um colonialismo que trava uma guerra na África se revela incapaz de vencer. É por não terem analisado esse fenômeno que os colonialistas ficaram mais uma vez surpresos diante do sucesso dos representantes argelinos.

Cada delegado argelino foi recebido como um delegado em vias de expulsar o medo, o tremor e o complexo de inferioridade da carne do colonizado.

A luta do povo argelino não é louvada como um ato de heroísmo, mas como uma ação contínua, sustentável, permanentemente reforçada e que contém em seu desenvolvimento o colapso e a morte do colonialismo francês na África.

A Guiné foi igualmente aplaudida, mas como a primeira consequência importante do conflito franco-argelino.

Por sinal, os camaradas ministros da Guiné presentes à Conferência nos pediram para comunicarmos ao nosso governo o profundo reconhecimento do povo guineense à Argélia combatente.

Por outro lado, o primeiro-ministro de Gana, o dr. N'Krumah, insistiu em receber nossos delegados entre os primeiros. Por mais de uma hora, o problema argelino foi estudado em suas relações com a libertação do continente africano. Uma vez mais, o chefe de Estado de Gana renovou o apoio e a solidariedade do povo ganense e de seu governo ao povo argelino em luta.

O dr. N'Krumah nos revelou a intenção de seu governo de reconhecer dentro em breve o Governo Provisório da República da Argélia.

17. Acra: a África reafirma sua unidade e define sua estratégia[33]

EM 1884, as nações ocidentais reunidas em Berlim decidiam repartir entre si o continente africano e fundavam legalmente o regime colonial.

Desde então, a evolução das relações de força no mundo e o surgimento de novas potências obrigaram as nações ocidentais e recuar e a se retirar de grande parte de suas possessões.

Depois da Ásia, a África

A Ásia agora está livre do colonialismo, e territórios como a China, até então atingidos, parece, por uma espécie de miséria absoluta, estão criando como que uma nova civilização, uma civilização autêntica, que diz respeito ao homem e que inevitavelmente se abre para ele.

Mas o fato é que o continente africano é ainda amplamente ocupado pelas potências coloniais e depois de Bandung, depois da conferência afro-asiática do Cairo, os povos africanos agora se reúnem em Acra, capital de Gana independente, para lançar as bases, na perspectiva longínqua dos Estados Unidos da África, de uma tática e de uma estratégia de combate.

Uma solidariedade "biológica"

Em Acra, reuniram-se as organizações políticas e sindicais do continente africano. Sua ideologia comum: a vontade nacional contra a dominação estrangeira. Sua tática: enfraquecer, um após outro, os colonizadores. Sua estratégia: frustrar as manobras e as tentativas de camuflagem do opressor.

O que impressionou o observador em Acra foi a existência, no nível mais espontâneo, de uma solidariedade orgânica, biológica mesmo. Mas, além dessa espécie de comunhão afetiva, havia realmente a preocupação de afirmar uma identidade de objetivos, e também a vontade de utilizar os meios existentes para expulsar o colonialismo do continente africano.

Esses homens e mulheres também estavam reunidos para expor a natureza do colonialismo ao qual estavam submetidos, estudar o tipo de luta possível, articular suas ofensivas — enfim, para, território após território, pressionar colonialismos idênticos.

Foi por isso que, com muita rapidez, para além das comissões, estabeleceram-se contatos entre países sob tutela, colônias de povoamento como África do Sul, Quênia e Argélia, Estados da comunidade representados essencialmente pelas chamadas Áfricas Francesas.

Os Estados africanos independentes receberam em Acra uma acolhida entusiástica. Foram esses Estados que, em abril de 1958, haviam considerado indispensável o encontro em Acra para acelerar a libertação do continente africano.

A RAU [República Árabe Unida], a Tunísia, Gana, a Etiópia etc. haviam insistido em enviar ao Congresso homens e mulheres numa demonstração de apoio incondicional desses Estados aos diferentes povos em luta.

Acra: a África reafirma sua unidade e define sua estratégia   223

A jovem República da Guiné, representada por três de seus ministros, foi aclamada com entusiasmo pelo Congresso.

Violência e não violência: o fim e os meios

Muitos problemas foram debatidos durante essa Conferência. Os dois mais importantes parecem ter sido o da não violência e o da colaboração com a nação previamente dominante.

É evidente que esses problemas são interligados. O fim do regime colonial obtido de formas pacíficas e possibilitado pela compreensão do colonialista poderia levar, em certas circunstâncias, a uma colaboração renovada entre as duas nações. Ora, a história mostra que nenhuma nação colonialista aceita retirar-se sem que se esgotem todas as suas possibilidades de permanecer.

Levantar o problema de uma descolonização não violenta é menos postular uma súbita humanidade do colonialista do que acreditar na pressão suficiente de uma nova relação de forças em escala internacional.

Está claro, por exemplo, que a França iniciou um processo de descolonização na África Negra.

Essa mudança não violenta se tornou possível após os sucessivos fracassos do colonialismo francês em outros territórios. Entretanto, os representantes das nações africanas sob domínio da França presentes em Acra denunciaram com lucidez as manobras do imperialismo francês.

As armadilhas do neocolonialismo

Os congressistas condenaram incondicionalmente os africanos que, para se manterem, não hesitaram em mobilizar a polícia para fraudar as eleições no último referendo e em envolver seus territórios numa associação com a França que excluiu, por muitos anos, a via da independência. Os poucos delegados que vieram representar esses governos fantoches da África francesa acabaram sendo mais ou menos expulsos das comissões.

Por outro lado, os representantes de Camarões, liderados pelo dr. Félix Moumié, foram aplaudidos com entusiasmo durante a última sessão da ONU. Outros territórios conquistaram sua independência dentro do prazo: Camarões, Tanganica e Somália.

Em 1960, cerca de 60 milhões de africanos serão novamente independentes.

Além disso, o governo belga, alarmado pelos sobressaltos que agitam a África e pelo endurecimento dos movimentos nacionalistas no Congo Belga, acaba de reconhecer oficialmente a vocação nacional desse território, propondo apresentar no mês de janeiro um programa gradativo para a independência de 20 milhões de congoleses.

Não se exclui a possibilidade de os colonialistas belgas tentarem, uma vez mais, ampliar esse prazo; é preciso confiar na capacidade das massas congolesas de imporem a curto prazo a República Democrática do Congo.

Se a Bélgica, a Inglaterra com a Nigéria e Tanganica e a França com a Guiné recuaram, Portugal, ao contrário, está implementando um regime policial em suas possessões. Os representantes de Angola foram recebidos com emoção, e ex-

Acra: a África reafirma sua unidade e define sua estratégia 225

primiu-se uma raiva imensa quando as medidas discriminató-
rias e desumanas empregadas pelas autoridades portuguesas
foram relatadas. Muito obviamente, Angola, África do Sul e
Argélia são as cidadelas do colonialismo e provavelmente os
territórios nos quais o povoamento europeu se defende com
mais obstinação e ferocidade.

A esse respeito, deve-se assinalar que a União Sul-Africana
está tentando anexar a Basutolândia e a Suazilândia e fazer a
junção com as Rodésias do Norte e do Sul, outras colônias de
povoamento.

Essas colonizações sucessivas são certamente um dos
fenômenos mais singulares desse período de libertação do
continente.

A legião africana

Nas colônias de povoamento, como Quênia, Argélia e África
do Sul, houve unanimidade: só a luta armada provocará a derrota da nação invasora. E a legião africana, cujo princípio foi
adotado em Acra, é a resposta concreta dos povos africanos ao
desejo de dominação colonial dos europeus.

Os povos africanos, ao decidirem criar em cada território
um corpo de voluntários, creem manifestar de forma clara
sua solidariedade aos outros povos, afirmando assim que a
libertação nacional está vinculada à libertação do continente.

Os povos em luta, convencidos hoje de que seus irmãos africanos compartilham seu combate e estão prontos para intervir
diretamente ao primeiro apelo de seus organismos dirigentes,
veem o futuro de modo mais sereno e otimista.

Nos encontros populares organizados em Gana, na Etiópia e na Nigéria, centenas de homens fizeram o juramento de sair em socorro de seus irmãos argelinos ou sul-africanos tão logo seja pedido.

A África deve ser livre, disse o dr. N'Krumah em seu discurso inaugural: nada temos a perder senão nossos grilhões. E precisamos conquistar um imenso continente. Em Acra, os africanos juraram fidelidade e apoio. Nenhuma aliança será rejeitada. O futuro do colonialismo nunca foi tão sombrio quanto depois da Conferência de Acra.

18. As tentativas desesperadas do sr. Debré[34]

O SR. MICHEL DEBRÉ, chefe do governo francês, veio recentemente à Argélia. Contatou as autoridades colonialistas e definiu, em benefício delas, seu programa de governo.

"A autoridade da França na Argélia", disse ele, "é uma exigência da história, da natureza, da moral." Essa declaração — explicitada por posicionamentos mais firmes, como esta frase pronunciada diante de ex-combatentes: "É preciso que todos os argelinos saibam e compreendam definitivamente que cada habitante deste país é cidadão francês da mesma forma que qualquer cidadão da metrópole, e que em caso algum o governo aceitará que essa cidadania seja posta em questão"; ou esta outra, numa alocução pessoal do presidente do Conselho francês: "A verdade é que a Argélia é território de soberania francesa" — indica ao mesmo tempo que a população francesa na Argélia não passou por qualquer modificação e a importância do hiato existente hoje entre a vontade nacional do povo argelino e a obstinação colonialista francesa.

Um tempo histórico falsificado

O programa do sr. Debré se insere num dogmatismo colonialista eminentemente ortodoxo.

228   *Rumo à libertação da África*

Afirma-se que a conquista cria laços históricos. O novo tempo por ela inaugurado, um tempo colonialista, já que habitado por valores dessa natureza, já que sua razão de ser tem origem na negação do tempo nacional, será dotado de um coeficiente absoluto. A história da conquista, o desenvolvimento histórico da colonização e da espoliação nacional vão substituir o tempo real dos homens explorados. E o que será afirmado pelos colonizados durante a luta de libertação nacional como desejo de pôr um fim à exploração e ao desprezo será rejeitado pela potência colonialista como símbolo de barbárie e de regressão.

É que o colonialista, por um mecanismo de pensamento afinal muito banal, chega ao ponto de não poder imaginar um tempo que se passe sem ele. Sua irrupção na história do povo colonizado é deificada, transformada em necessidade absoluta. Ora, um "olhar histórico sobre a história" exige, ao contrário, que o colonialista francês se retire, pois se tornou historicamente necessária a existência de um tempo nacional na Argélia.

A exigência histórica do sr. Debré é o equivalente intelectualizado da velha fórmula colonialista: "Fomos nós que fizemos a Argélia".

Na realidade, aquilo que se apresenta como fidelidade à história não passa, em última análise, de uma infidelidade à história, de uma recusa a estar à altura do período de descolonização, de desobediência à história.

Em 1959, o sentido da história exige que os 10 milhões de argelinos tomem seu destino em mãos. Após mais de quatro anos, os sucessivos governos franceses se mostraram incapazes de interpretar esse problema de forma objetiva. As declarações do sr. Debré não diferem em nada daquelas do sr. Roger Léonard

As tentativas desesperadas do sr. Debré 229

ou do sr. Jacques Soustelle: "A França está na Argélia e lá permanecerá", diziam eles em 1954.

Em 1959: "A França permanecerá".

Outro tema geralmente evocado pelos fanáticos do colonialismo é o da união indissociável entre a Argélia e a França.

Uma geografia de intenções

Não podendo ser nem afetiva nem intelectual, essa união será geográfica. E ora a França se considera o prolongamento europeu da Argélia, ora a Argélia é vista como o prolongamento africano da França.

As dificuldades internacionais da Europa darão a essa união geográfica uma primazia cada vez mais acentuada. No âmbito do sistema defensivo do Ocidente, o território argelino ocupa um lugar privilegiado. É o que realçarão os diferentes defensores da Argélia francesa. É também nesse sentido que o problema será evocado pelo sr. Debré:

> Devemos entender, além disso, que a liberdade e o progresso, a segurança e a paz são ligados nessa parte do mundo à unidade, acima do Mediterrâneo, da França metropolitana, porta da Europa, e da Argélia, a cabeça da África. Toda ameaça a essa unidade é um risco de insegurança! Todo reforço dessa unidade é uma garantia de paz. A França deve, portanto, fazer com que ninguém duvide de sua vontade de tornar essa unidade mais firme do que nunca.

Desse modo, a Argélia deve continuar sendo um território francês porque as necessidades da Europa e da França assim o exigem. A geografia do sr. Debré é, portanto, uma geografia movida por intenções: a autoridade da França na Argélia é uma exigência da natureza. É a ordem natural que impõe à França a manutenção do regime colonial na Argélia. A partir do momento em que os regimes ou os homens começam a ler suas ações políticas nas sinuosidades do terreno, trata-se de fascismo e de nazismo.

É prolongando imaginariamente certas linhas do terreno que os governos ameaçam a paz mundial. Se quiserem, de fato, dar livre curso a suas fantasias e estender o que há muitos séculos é chamado de fronteiras naturais, povos inteiros serão lançados no sangue e na miséria.

Não deveria ser segredo para ninguém que a geografia da Argélia exige, em primeiro lugar, que esse país seja independente.

E depois, certamente, ela tem seu lugar no Magrebe, na África e no mundo. Mas negar o destino nacional da Argélia em nome de uma "maior união franco-argelina" é uma impostura. Nisso o sr. Debré não está inovando. Depois de quatro anos, essas tradições estão estabelecidas nos governos franceses.

Fugindo da história e da natureza, o sr. Debré desemboca na moral. Também lá ele redescobre, aparentemente sem esforço, os grandes princípios do ultracolonialismo: "O que farão os argelinos sem nós?". Os colonos de Mitidja diziam e ainda dizem: "Em quatro anos estes vinhedos se transformarão em pântanos".

É o mesmo que diz o sr. Debré: "Querem lançar a Argélia na miséria, na barbárie e no sangue".

A moral a serviço da exploração

Agora, outro tema: só a França é capaz de se encarregar beneficamente da Argélia.

Só a França é capaz de assumir o comando da economia da Argélia.

Tudo isso o sr. Debré vai repetir em Argel:

A França tem uma obrigação de caráter econômico [...]. A França tem uma obrigação de ordem social [...]. A França tem uma obrigação humana, pois só ela é capaz de manter e reforçar [...] essa união e mesmo essa fraternidade de espíritos que dão à Argélia um caráter e uma força únicos no mundo.

Sinal dos tempos! No início da conquista, esse era o pretexto evocado. Luta contra a barbárie, a miséria, o atraso. Hoje, após 130 anos de exploração, que paradoxalmente constituem um direito, e da luta entre os blocos, a história e a estratégia é que assumem o primeiro lugar.

A moral francesa, os valores franceses são os únicos capazes de manter a Argélia no campo das "regiões humanas". A saída da França, nos previne o sr. Debré, seria um sinal do retorno da Argélia ao arcaísmo, ao atraso e ao embrutecimento.

Oito meses após a ascensão ao poder do general De Gaulle, voltamos aos primeiros meses da luta de libertação de nosso povo: "A França está em casa na Argélia porque a Argélia é a obra da França. A França precisa da Argélia porque, sem ela, o que faria a França? A Argélia precisa da França porque, sem ela, o que faria a Argélia?".

E, para concluir, este detalhe presente na alocução pessoal do sr. Debré:

Quem, senão mentes maldosas, com segundas intenções, pode duvidar das resoluções do general De Gaulle? Quem, senão mentes maldosas, com segundas intenções, ousaria duvidar quando o general De Gaulle declarou que não haveria negociações políticas?

A Quinta República francesa não parece dar maiores provas de imaginação do que a precedente. As mesmas afirmações são reapresentadas com a mesma obstinação cega, o mesmo desprezo pelos fatos, a mesma compreensão da história.

Afirmar, em 1959, que todos os argelinos são franceses, que a França permanecerá na Argélia e que estão excluídas as negociações políticas é embarcar, contra o bom senso, no caminho da intensificação da guerra.

É, incontestavelmente, dar as costas à negociação e à razão.

É verdade que essa cegueira não resulta de um julgamento equivocado. A França e seu governo são ainda dominados pelos interesses colonialistas. Ora, desde 13 de maio, assistimos à aliança desses interesses tradicionais com a escalada fascista e militarista que sempre foi forte na França (Georges Boulanger, François de La Rocque, Pétain...) e com uma certa parcela do grande capital.

Enquanto essa aliança não for questionada, os presidentes do Conselho francês estão condenados a se inspirar, em suas declarações, na tradição ultracolonialista.

É preciso saber que há ainda um longo tempo até a destruição, pela ampliação de suas contradições, do bloco colonialista.

Hoje, como nos quatro últimos anos, a palavra de ordem é sempre a intensificação da luta armada. Todas as tentativas diversionistas do adversário devem ser aniquiladas.

As tentativas desesperadas do sr. Debré

As condições para uma negociação estão bem longe de ser preenchidas do lado francês. O programa do sr. Debré é fazer a guerra, negar a nação argelina, aprofundar a anexação de nosso país.

Sim, como dizia o sr. Mhamed Yazid, ministro da Informação, falar de soberania francesa na Argélia em 1959 é loucura. Não há outro termo.

19. Furor racista na França[35]

DOIS ANOS ATRÁS, na esteira de uma ação dos comandos do ALN em território francês, fosse para neutralizar a contrarrevolução, então muito ativa, ou para reagir contra certos torturadores da polícia francesa, assistiu-se à disseminação de atitudes espontâneas de racismo e de discriminação obsessiva contra os norte-africanos. De maneira imediata e abrangente, a desconfiança em relação aos árabes se torna uma segunda natureza. Um passo a mais e a caçada está aberta. É o período, todos lembram disso, em que até um sul-americano foi crivado de balas porque parecia um norte-africano.

Os cidadãos tunisianos e marroquinos também sofreriam com essa conduta racista. Operários tunisianos presos, internados, espancados... estudantes marroquinos detidos, interrogados pela polícia judiciária... Nas ruas, observações grosseiras e humilhantes dirigidas tanto a uma pessoa quanto aos jovens Estados.

É o período, todos lembram disso, em que todo norte-africano era várias vezes abordado, e em que numerosos operários tunisianos ou marroquinos a trabalho na França resolveram retornar a seu território nacional.

Foi quando se adotou o hábito de afirmar que só os argelinos eram responsáveis por esse estado de coisas e que dependia deles pôr um fim à suspeita generalizada em relação à população norte-africana.

Assim, esse comportamento agressivo e odioso não era um componente das estruturas sociais e mentais do povo francês, mas simplesmente uma reação de autodefesa de um organismo que dificilmente conseguia distinguir entre si os habitantes do Magrebe.

Os fatos que têm ocorrido recentemente no território francês merecem ser evocados aqui. Eles vão nos mostrar, sem sombra de dúvida, que a confusão na percepção do *"métèque"** não poderia ser creditada a uma lamentável ignorância, mas encontrava justificação num princípio, um lugar-comum, segundo o qual as formas mais brutais do racismo se instalam na França numa cadência verdadeiramente explosiva.

Um escritor esfaqueado

O primeiro fato é o atentado contra o jovem escritor Ferdinand Oyono, três semanas atrás. O autor de *Une vie de boy* estava saindo de um restaurante acompanhado de uma mulher. O casal foi atacado, a mulher insultada de forma obscena, esbofeteada, aviltada. Quanto a Oyono, depois de resistir aos agressores, acabou caindo no chão com um punhal cravado entre as omoplatas. Atendido de urgência num hospital de Paris, recebeu uma transfusão de sangue e acabou se recuperando. Agora restabelecido, ele diz a quem queira ouvir que não se sente mais seguro em território francês e está se preparando para ir embora.

---

* Termo oriundo da palavra grega *metoikos*, em referência ao estrangeiro residente na cidade e gozando de um estatuto particular. Na França, o termo *métèque* tem uma conotação pejorativa e racista e é usado para designar o estrangeiro, especialmente o árabe estabelecido no país. (N. T.)

Como interpretar esse acontecimento? Não se trata de um atentado contra esse homem de cor, nem de uma tentativa de assalto. Trata-se, como fizeram questão de proclamar seus autores, de uma punição à mulher (que era branca) e de uma advertência ao negro. A malta se lançou sobre Oyono aos gritos de "Morte aos negros!".

Antes de perder os sentidos, Oyono conseguiu identificar para a polícia um de seus agressores. Ignoram-se até hoje seus nomes e, apesar do posicionamento firme de várias associações, é pouco provável que o caso venha a ser objeto de uma ação judicial. Deve-se ressaltar que isso aconteceu em pleno Quartier Latin, ou seja, no centro de um bairro intelectual habituado à presença de estudantes de todas as origens. Ninguém socorreu a vítima da agressão e, terminado o ataque, os agressores puderam desaparecer tranquilamente.

Um filme antirracista é atacado...

Vários filmes já foram produzidos para combater o racismo que grassa nos Estados Unidos e em outros países. O mais recente, *Les tripes au soleil*, sobre o qual muitas coisas poderiam ser ditas, acaba de ser exibido em Paris. Desde a primeira sessão, os jovens parisienses fizeram um grande pandemônio, quebraram cadeiras, rasgaram a tela do cinema e manifestaram sua hostilidade ao final da exibição. Ouviram-se gritos de "Abaixo os negros!", "Morte aos negros!", "Viva Hitler", e a polícia "dispersou os manifestantes".

Há várias semanas, de maneira sistemática, organizações antifascistas têm sido atacadas. Um dos movimentos mais ati-

Furor racista na França

vos, o MRAP [Mouvement contre le Racisme et pour l'Amitié entre les Peuples], movimento contra o racismo, o antissemitismo e pela paz, que foi um dos primeiros a se posicionar contra os princípios dogmáticos da Guerra da Argélia e pelo reconhecimento da nação argelina, tem sido objeto de ataques ininterruptos. Suas instalações são atacadas quase diariamente e seus dirigentes, submetidos a ameaças e agressões violentas. Nos muros de Paris, também há algumas semanas, surgiram suásticas. Essas cruzes gamadas não passam de réplicas daquelas que temos visto há muito tempo em Argel e Constantina.

Quando um filme antirracista é atacado na França, em pleno dia, por uma organização que não teme proferir o lema "Morte aos negros!", pode-se dizer que a democracia vai mal nesse país, e que os negros fariam muito bem abandonando o navio.

Mas não se deveria ter o cuidado de não generalizar a partir desses fatos, diz-se?

Não se trata simplesmente de manifestações episódicas, reprimidas pela lei e unanimemente condenadas pela consciência nacional francesa? Talvez seja necessário observar tudo isso com maior atenção. E talvez tais manifestações não surjam espontaneamente. Para que elas aconteçam, para que tomem forma, é preciso que, em certa medida, precisamente na consciência nacional, tenha sido produzida uma sedimentação suficiente de racismo, de complexo de superioridade, de discriminação. Essas manifestações, vindas diretamente do coração, isto é, do coração do indivíduo, expressam tanto os defeitos da educação francesa com respeito ao restante da humanidade quanto as consequências de dezenas de anos de dominação colonial.

O próprio general De Gaulle, em seu último discurso em Blois, não reencontrou milagrosamente esse caminho do coração?

Ao falar da necessidade de se chegar a um acordo na Europa, não disse ele que "nós, brancos e civilizados, deveríamos encontrar um terreno de entendimento"?

É inevitável lembrar esta passagem do poeta negro Césaire:

O que ele (o burguês humanista do século xx) não perdoa em Hitler não é o crime em si, o crime contra o homem branco, mas ter aplicado na Europa os procedimentos colonialistas até então reservados aos árabes da Argélia, aos *coolies* da Índia e aos negros da África.

Sim, quando o racismo atinge tais dimensões na França, é hora de os negros abandonarem o navio. Cabe aos membros da "comunidade francesa" decidir se seu lugar é ainda ao lado daqueles que não se livraram nem das baixezas, nem do ódio em relação à raça negra.

20. O sangue corre nas Antilhas sob dominação francesa[36]

ENTÃO TAMBÉM AS ANTIGAS COLÔNIAS estão tomando o rumo da "rebelião". Esses ornamentos do império, esses países castrados que forneceram servidores tão bons e leais começam a se agitar.

Todo antilhano, todo guianense, onde quer que se encontre hoje, vai se sentir violentamente abalado. Com efeito, os franceses, depois de terem categorizado pejorativamente os árabes e os africanos, os malgaxes e os indochineses, reconheceram que, com os antilhanos, as coisas assumiram um outro aspecto. Os antilhanos, ouvia-se por toda parte, são franceses, tal como os corsos. E havia enormes massas de antilhanos e antilhanas que acreditavam nisso. Sim, de vez em quando o racismo aflorava, volta e meia os colonos antilhanos oprimiam e condenavam à fome endêmica os trabalhadores agrícolas, mas o título de cidadão francês compensava esses poucos incômodos. É claro que, a cada ano, trezentas toneladas de ouro deixavam o território da Guiana para atulhar os porões do Banco da França, mas, de acordo o sr. Gaston Monnerville, segundo ou terceiro cidadão francês, isso não seria ao mesmo tempo um símbolo e o pagamento de uma dívida?

Entretanto, apesar dessa imensa intoxicação, a despeito dessa enorme impostura, houve martinicanos que entraram em luta aberta contra as forças francesas, ocuparam comissariados, fecharam estradas. Subvertendo trezentos anos de presença francesa, houve martinicanos que pegaram em armas e ocuparam Fort-de-France por mais de seis horas. Mortos? Houve. E feridos também.

Quinze mortos, disseram, várias dezenas de feridos e centenas de prisões.

Reforços são enviados às Antilhas e, para sustar um movimento que parece bastante iminente, Guadalupe é inundada de fuzileiros, CRS* e soldados.

Os serviços franceses de informação sustentavam que a origem dos distúrbios seria um simples acidente de tráfego. Talvez. Mas então por que, subitamente, medidas tão amplas? Por que motivo uma população reage com tanta violência, com tanto ódio? Por que os CRS respondem com tanta precipitação, sem se preocupar com a vida de seus "concidadãos"?

Na verdade, o problema está posto. E tanto melhor. A ficção das Antilhas Francesas e a fórmula "para os antilhanos, não há problema" são questionadas. E tanto melhor.

Os velhos políticos, assimilados, infestados por dentro, que há muito tempo não representavam senão seus interesses medíocres e sua própria mediocridade, devem estar agora bastante inquietos. Eles descobrem de repente que martinicanos podem perfeitamente ser tratados como rebeldes pela França. Também descobrem a existência de um espírito rebelde, de um espírito nacional.

Por ocasião do referendo organizado pela França, perguntou-se a Césaire o motivo de seu "sim" a De Gaulle. É que

---

* Compagnie Republicaine de Securité, corpo militar constituído de policiais, independente do exército regular. (N. T.)

O *sangue corre nas Antilhas sob dominação francesa*

os martinicanos apostaram na Quinta República, respondeu ele. Nosso "sim", disse Césaire, é circunstancial. A França se compromete a melhorar nossa condição e nos reconhece certas prerrogativas no plano local.

Muito bem, parece que o povo questiona essa aposta e apresenta o problema nacional. A questão antilhana e a questão da federação caribenha não podem ser dissimuladas por muito tempo. As Guianas, tanto a ex-holandesa quanto a ex-britânica, hoje independentes, exercem uma atração sobre a Guiana submetida à dominação francesa. As Antilhas sob o domínio britânico conquistam sua independência. Em Cuba, Fidel Castro dá ao Caribe uma nova face. Sim, a questão está posta.

Neste momento, as forças francesas e seus aliados, os políticos atuais, deputados e senadores, vão sem dúvida dificultar essa primeira manifestação do espírito nacional martinicano. Mas agora sabemos que os guadalupenses, os martinicanos e os guianenses serão independentes e construirão seus respectivos países à sua própria maneira. O povo argelino garante aos antilhanos e aos guianenses sua simpatia fraterna e os encoraja a aguçar sua combatividade. Os soldados, suboficiais e oficiais antilhanos e guianenses que lutam contra seus irmãos argelinos enquanto tropas francesas metralham seus povos em Fort-de--France e Basse Terre devem se recusar a lutar e então desertar.

Agora se diz que existem vínculos entre a Guerra da Argélia e os recentes acontecimentos que ensanguentaram a Martinica. Foram antigos funcionários franceses da África, os que foram expulsos do Marrocos e da Tunísia e os que estavam demasiadamente comprometidos na Argélia, que provocaram a resposta das massas martinicanas. A reação brutal do povo martinicano indica simplesmente que chegou a hora de esclarecer os problemas e desfazer os mal-entendidos.

21. Unidade e solidariedade efetiva são as condições para a libertação africana[37]

A UM OBSERVADOR QUE há dois anos venha seguindo a evolução do continente africano, uma conclusão se impõe com particular evidência: os povos dependentes sobre os quais pesa uma dominação estrangeira estão progressivamente obtendo a soberania nacional.

Depois de Gana e da Guiné, eis que Camarões, sob o domínio francês, Togo e Somália, sob o domínio italiano, e a Nigéria se tornaram independentes. A agitação que fervilha na recente comunidade francesa, as reivindicações sinceras ou por vezes veladas dos dirigentes de diferentes países dessa comunidade não dão margem a dúvidas. Um processo está em marcha, irreversível, diríamos, se pudermos confiar nas fórmulas estereotipadas.

A mão da história é a mão do homem

Os observadores locais contentam-se, pois, em manter uma esperança generalizada no desenvolvimento daquilo a que se dá o nome de processo objetivo de descolonização, enquanto, de modo mais ou menos explícito, solicita-se aos africanos que tenham confiança na boa vontade dos antigos senhores

Unidade e solidariedade efetiva são as condições para a libertação africana 243

e não percam a esperança, de forma alguma, no que se refere às necessidades históricas que ditam o ritmo da reversão da opressão colonial.

É rigorosamente verdadeiro que a descolonização está em marcha. Mas é rigorosamente falso afirmar e acreditar que essa descolonização seja fruto de uma dialética objetiva que assume, com maior ou menor rapidez, a aparência de um mecanismo absolutamente inaceitável.

O otimismo que impera hoje na África não é um otimismo nascido do espetáculo das forças da natureza que finalmente beneficiam os africanos. Tampouco se deve à constatação de disposições menos desumanas e mais benevolentes no antigo opressor. O otimismo na África é o produto direto da ação revolucionária, política ou armada — e, com frequência, ambas ao mesmo tempo —, das massas africanas.

Compreende-se agora por que cada nacionalista africano tem essa obsessão de atribuir constantemente uma dimensão africana às suas ações. É que a luta pela liberdade e pela independência nacional é dialeticamente vinculada à luta contra o colonialismo na África.

O inimigo do africano sob dominação francesa não é o colonialismo que se exerce nos limites estritos de sua nação, mas todas as formas do colonialismo e todas as suas manifestações, não importa sob qual bandeira ele se exerça ou reprima.

Grande parte da humanidade foi recentemente abalada em suas convicções mais profundas diante da eclosão de uma ideologia: o nazismo, que fez ressurgirem os métodos de tortura e de genocídio dos tempos mais remotos.

Os países mais imediatamente visados pelas manifestações do nazismo se uniram e se comprometeram, não apenas a libertar o território ocupado, mas a literalmente quebrar a espinha dorsal do nazismo, a extirpar o mal onde quer que houvesse brotado, a liquidar os regimes que ele havia suscitado.

Pois da mesma forma os povos africanos devem se lembrar de que são confrontados por uma forma de nazismo, uma forma de exploração do homem, de aniquilação física e espiritual conduzida deliberadamente; que devem se preocupar com as manifestações francesa, inglesa e sul-africana desse mal, mas também se comprometer a confrontá-lo enquanto um mal de todo o território africano.

Os países europeus estão hoje preocupados com o problema da paz. Depois de se armarem até os dentes, os blocos do Leste e do Oeste perceberam, aterrorizados, que todo novo conflito mundial colocava em questão a própria existência da vida na Terra. Assim, um confronto pacífico das duas concepções de mundo se tornou indispensável.

Foi nessa perspectiva que o general Eisenhower realizou seu último périplo, que o conselho da Otan se reuniu em Paris e que uma reunião de cúpula foi marcada para os primeiros meses de 1960.

Nós, africanos, dizemos que o problema da paz entre os homens — no caso, os não africanos — é fundamental, mas também que a libertação da África dos últimos bastiões do colonialismo constitui o principal problema.

Quando nós, africanos, dizemos que somos neutros no que tange às relações entre Leste e Oeste, queremos dizer que, no momento, a única questão a nos preocupar é nossa luta contra o colonialismo. Isso significa que não somos neutros, de modo algum, diante do genocídio promovido pela França na Argélia, ou do apartheid na África do Sul.

Unidade e solidariedade efetiva são as condições para a libertação africana 245

Nossa neutralidade significa que não tomamos posição a favor ou contra a Otan, a favor ou contra o Pacto de Varsóvia.

No plano de nossa luta anticolonialista, só levamos em consideração a firmeza de nosso comprometimento e o apoio que recebemos deste ou daquele país. E, nessa perspectiva, podemos dizer que os povos agrupados sob o termo "países do Leste" estão nos apoiando com muita firmeza, e que os países ditos ocidentais multiplicam suas ambiguidades.

Armas e homens

Os povos africanos estão engajados de forma concreta numa luta global contra o colonialismo e nós, argelinos, não dissociamos a luta que travamos daquela dos rodesianos ou dos quenianos. Nossa solidariedade em relação a nossos irmãos africanos não é apenas verbal. Ela não se traduz pelo voto ou pela aclamação de resoluções ou condenações em uma reunião internacional. Os países colonialistas, quando estavam em perigo, sendo engolidos pelo fascismo e pelo nazismo, ou seja, quando sua liberdade e sua independência estavam ameaçadas, não hesitaram em recorrer às massas africanas e em lançar contra as posições nazistas uma maioria de seus "coloniais". Hoje, a liberdade e a independência nacional dos africanos é que estão em questão.

A solidariedade interafricana deve ser uma solidariedade de fato, uma solidariedade de ação, uma solidariedade concreta em termos de homens, de equipamento e de dinheiro.

A África será livre. Sim, mas é preciso pôr mãos à obra e não perder de vista sua própria unidade. É com esse espírito que se adotou, entre outros, um dos pontos mais importantes do primeiro Congresso dos Povos Africanos, realizado em Acra em 1958. Os povos africanos, afirmava-se nessa resolução, comprometem-se a constituir uma milícia que será encarregada de apoiar esses povos em luta por sua independência.

Não é por acaso que essa resolução foi escamoteada pela imprensa ocidental. A violência das democracias ocidentais durante a guerra contra o nazismo, a violência dos Estados Unidos da América com a bomba atômica de Hiroshima, sem serem um exemplo, dão uma medida daquilo que as democracias podem realizar quando sua vida corre perigo.

Nós, africanos, dizemos que há cem anos a vida de 200 milhões de africanos é desvalorizada, contestada, perpetuamente ameaçada pela morte. Dizemos que não devemos confiar na boa-fé dos colonialistas, mas sim nos armar de firmeza e combatividade. A África não será livre pelo desenvolvimento mecânico das forças materiais: a mão do africano e seu cérebro é que vão desencadear e implementar a dialética da libertação do continente.

A alguns dias da II Conferência dos Povos Africanos, que deverá realizar-se, a ferro e fogo, às portas da Argélia, os africanos devem lembrar que não existe um otimismo objetivo que se imponha de maneira mais ou menos mecânica, mas que o otimismo deve ser o sentimento que acompanha o compromisso revolucionário e o combate.

Nessas condições, sim, podemos ser otimistas.

V

Unidade africana

1. Essa África que está por vir

No final do ano de 1958, os coronéis das wilayas *do* ALN *tiveram uma reunião no norte da província de Constantina. Eles constataram nessa ocasião o perigo de uma progressiva asfixia da luta armada no interior, como resultado do dispositivo posto em prática pelo inimigo (zonas interditadas, campos de reagrupamento que tendiam a isolar o* ALN *da população).*

Decidiu-se enviar a Túnis o coronel Amirouche Aït Hamouda (da wilaya III) *para explicar a situação ao* GPRA [o *Governo Provisório da República Argelina] e definir os meios que permitiriam reabastecer o interior em termos de armas, munições e finanças.*

O coronel Amirouche nunca chegou a Túnis, pois seria assassinado pelo inimigo durante sua viagem na região de Bou-Saâda em março de 1959.

Foi para enfrentar essa situação que o CNRA *decidiu, durante sua reunião de outono de 1959, pela criação do estado-maior.*

Tendo o Exército francês reforçado seu dispositivo nas fronteiras (linha Challe), era cada vez mais difícil reabastecer o interior pelo Marrocos e pela Tunísia.

Em março de 1960, Fanon era enviado a Acra. Durante sua estada na África Ocidental, ele pôde constatar que havia uma possibilidade de reforçar a situação no interior a partir da fronteira sul, ou seja, a fronteira com o Mali. Nesse sentido, também fez contato com autoridades malinesas e comunicou suas sugestões aos dirigentes argelinos,

250   *Unidade africana*

os quais decidiram criar uma terceira base ao sul do Saara para o envio de armas às wilayas I e IV.

As notas que se seguem foram escritas por Fanon durante a missão de reconhecimento e instalação dessa base no verão de 1960.

A esse diário de bordo foram acrescentadas algumas indicações técnicas sob a forma de notas apressadas e incompletas, nas quais Fanon estuda as diferentes soluções que poderiam ser adotadas no plano estritamente operacional.

Pôr a África em movimento, colaborar para a sua organização, seu reagrupamento, segundo princípios revolucionários. Participar do movimento ordenado de um continente era, em definitivo, o trabalho que eu tinha escolhido. O primeiro ponto de partida, o primeiro alicerce era representado pela Guiné. Em seguida o Mali, pronto para tudo, ardente e brutal, coerente e singularmente afiado, pronlongava a ponta de lança e abria perspectivas preciosas. A leste, Patrice Lumumba marcava passo. O Congo, que constituía a segunda praia de desembarque das ideias revolucionárias, encontrava-se preso numa inextricável rede de contradições estéreis. Era necessário agora continuar esperando antes de investir eficazmente sobre as cidadelas colonialistas que se chamam Angola, Moçambique, Quênia e União Sul-Africana.

Mas tudo estava preparado. E eis que o sistema de defesa colonialista, embora discordando, revivia antigos particularismos e fragmentava a lava libertadora. No momento, era preciso então resistir no Congo e avançar para oeste. Para nós, argelinos, a situação era clara. Mas o terreno continuava difícil, muito difícil. A partir do oeste, precisávamos provar por meio

Essa África que está por vir 251

de manifestações concretas que o continente estava unido. Que por trás das opções gerais dos dirigentes era possível determinar os pontos precisos nos quais os povos, os homens e as mulheres podiam encontrar-se, ajudar-se, construir coisas em comum. O espectro do Ocidente, as cores europeias estavam em toda parte, presentes e ativos. As zonas francesa, inglesa, espanhola e portuguesa continuavam vivas. Oxford se opunha à Sorbonne, Lisboa a Bruxelas, os chefes ingleses aos chefes portugueses, a libra ao franco, a Igreja Católica ao protestantismo ou ao islã. E, acima disso tudo, os Estados Unidos se metiam em todo lugar, dólares na cabeça, com Neil Armstrong como arauto e os diplomatas negros americanos, as bolsas, os emissários da Voz da América... E não esqueçamos a Alemanha trabalhadora, Israel desbravando o deserto...

Trabalho difícil. Felizmente, em cada canto braços nos acenam, vozes nos respondem, mãos apertam as nossas. A coisa anda.

O ruído ligeiro e tranquilizante das cidades libertadas que rompem suas amarras e avançam grandiloquentes, mas de forma alguma grandiosas, esses antigos militantes hoje definitivamente aprovados em todos os seus exames, que se sentam e... se lembram, mas o sol está bem alto no céu e se alguém ouve, a orelha colada ao solo vermelho, escuta nitidamente o barulho de correntes enferrujadas, os murmúrios de angústia, e deixa caírem os ombros tamanha a presença constante de carne ferida nesse meio-dia abrasador. A África de todos os dias, oh, não essa dos poetas, não a que adormece, mas a que não deixa dormir, pois o povo está impaciente por fazer, atuar, falar. O povo diz: quero construir-me como povo, quero erigir, amar, respeitar, acreditar. Esse povo que chora quando vocês dizem: eu venho de um país onde as mulheres não têm filhos e os filhos não têm mães e que canta: a Argélia, país irmão, país que clama, país que espera.

Essa é a verdadeira África, essa África que precisávamos lançar no sulco continental, na direção continental. Essa África que era preciso orientar, mobilizar, lançar na ofensiva. Essa África que está por vir.

O Oeste. Conacri e Bamako, duas cidades mortas na superfície, mas por baixo a temperatura é insuportável para os que calculam, manobram e se instalam. Em Conacri e Bamako, homens e mulheres deixam sua marca na África, forjam-na com amor e entusiasmo.

Moumié. Em 30 de setembro nós nos encontramos no aeroporto de Acra. Ele estava indo a Genebra para reuniões muito importantes. Dentro de três meses, disse-me, assistiremos a uma retirada em massa do colonialismo de Camarões.

Em Trípoli, um nevoeiro impedia qualquer aterrissagem e, durante três horas, o avião voou em círculos sobre o aeroporto. O piloto queria aterrissar a qualquer custo. A torre de controle recusou a permissão solicitada, mas o piloto, corajoso e irresponsável, decidira pousar com suas dezenas de milhares de toneladas. "Esses caras brincam com a vida das pessoas", disse-me Félix.

Era verdade. Mas não brincávamos também com a nossa? O que era esse destemor do piloto quando comparado às nossas vidas eternamente incertas? Hoje Félix está morto. Em Roma, quinze dias depois, deveríamos nos reencontrar. Ele não apareceu. Seu pai, de pé, aguardava-nos em Acra. Ao me ver chegar sozinho, uma grande tristeza tomou conta de seu rosto.

Dois dias depois uma mensagem nos revelou que Félix estava hospitalizado. Depois, que se suspeitava de envenenamento.

Essa África que está por vir 253

Abel Kingué, vice-presidente da UPC [a União dos Povos de Camarões], e Marthe Moumié decidiram ir a Genebra. Alguns dias depois chegou-nos a notícia: Félix Moumié estava morto.

Mal sentimos essa morte. Um assassinato, mas sem sangue. Não houve bombas nem rajadas de metralhadoras. Envenenamento por tálio. Isso não faz sentido. Tálio! Como identificar essa causa? Uma morte abstrata atingindo o homem mais concreto, mais animado, mais impetuoso. O tom de Félix era constantemente elevado. Agressivo, violento, colérico, cheio de amor por seu país, de ódio dos covardes e dos ardilosos. Austero, duro, incorruptível. De uma essência revolucionária comprimida em sessenta quilos de músculos e ossos.

À noite, fomos reconfortar os companheiros de Camarões. O pai, o rosto burilado, impassível, inexpressivo, escutava enquanto eu falava de seu filho. E pouco a pouco o pai deu lugar ao militante. Sim, ele dizia, o programa é claro. Devemos cumpri-lo. Nesse momento, o pai de Moumié me pareceu esses pais da Argélia que ouvem com uma espécie de estupor a história da morte de seus filhos. Que de vez em quando fazem uma pergunta, pedem um esclarecimento e depois recaem nessa inércia de comunhão que parece conduzi-los ao lugar para onde, eles creem, seus filhos foram.

Mas a ação está lá. Amanhã, daqui a pouco, será preciso levar a guerra até o inimigo, não lhe dar trégua, encurralá-lo, cortar-lhe a respiração.

Partamos. Nossa missão: abrir a frente sul. De Bamako, fazer o envio de armas e munições. Sublevar a população saariana, infiltrar-se nos altos platôs argelinos. Depois de levar a Argélia aos quatro cantos da África, retornar com toda a África para a Argélia africana, para o norte, para Argel, cidade continental. Eis o que eu queria: grandes linhas, grandes canais de navegação através do deserto. Submeter o deserto, negá-lo, unir a África, criar o continente. Que do Mali cheguem ao nosso território malineses, senegaleses, guineenses, marfinenses, ganeses. E os da Nigéria e do Togo. Que todos subam as encostas do deserto e avancem contra o bastião colonialista. Tomar o absurdo e o impossível a contrapelo e lançar um continente ao ataque contra os últimos baluartes do poder colonial.

Nós somos oito: um batalhão, o Exército, as transmissões, os comissários políticos, o corpo de saúde. Cada um dos pares deve prospectar, de acordo com sua própria disciplina, as possibilidades de trabalho. Atuar com rapidez. O tempo é escasso. O inimigo ainda é tenaz. Na verdade, ele não acredita na derrota militar. Mas eu nunca achei isso tão possível, tão ao nosso alcance. Basta marchar, atacar. Nem se trata de estratégia. Temos tropas mobilizadas e furiosas, que amam nossa luta, ávidas por trabalhar. Temos a África conosco. Mas quem se importa com isso? Um continente vai se pôr em movimento e a Europa está languidamente adormecida. Quinze anos atrás era a Ásia que reagia. Então, a gente se divertia. Hoje a Europa e os Estados Unidos se arrepiam. Os 650 milhões de chineses, tranquilos detentores de um imenso segredo, estão construindo, por si sós, um mundo. O parto de um mundo.

CHAWKI. Sujeito engraçado. Comandante do ALN originário do Souf. Pequeno, seco, olhos implacáveis como ocorre em geral com os velhos guerrilheiros. Há muito tempo identifico a antiguidade de um guerrilheiro pelo brilho de seus olhos. Esses olhos não enganam. Dizem abertamente que viram coisas duras: repressões, torturas, ataques de canhões, perseguições,

Essa África que está por vir 255

assassinatos... Percebe-se nesses olhos uma espécie de arrogância, de dureza quase mortal. De intimidação também. Com homens assim logo nos habituamos a ficar atentos. Tudo lhes pode ser dito, mas eles precisam sentir e tocar a revolução nas palavras pronunciadas. É muito difícil enganá-los, contorná-los ou se infiltrar em seu íntimo.

No momento, Mostefaï Chawki e eu compartilhamos o mesmo leito. Nossas discussões se estendem até tarde da noite e eu fico constantemente maravilhado por sua inteligência e pela clareza de seus pensamentos. Diplomado pela Universidade Islâmica de Zitouna, na Tunísia, ele quis entrar em contato com a civilização ocidental. Instalou-se em Argel para aprender o francês, para ver, julgar, discernir. Mas a atmosfera de Argel, com os colonos desdenhosos, sua ignorância total da língua francesa, o hermetismo do meio europeu fazem com que resolva ir para a França. Por dois anos ele vive em Paris, adentra os círculos europeus, frequenta assiduamente as bibliotecas e devora centenas de livros.

Por fim, volta à Argélia e se propõe a valorizar as terras de seu pai. 1954. Pega seu rifle de caça e se junta aos irmãos. Conhece o Saara como a palma de sua mão. Essa imensidão deserta e inumana se reveste, quando ele a descreve, de uma infinidade de detalhes. Recantos hospitaleiros, vias perigosas, regiões mortais, pontos de penetração, o Saara é um verdadeiro mundo onde Chawki evolui com a audácia e a perspicácia de um grande estrategista. Os franceses nem suspeitam dos truques em que esse homem está prestes a enredá-los.

É preciso dizer que nossa missão quase terminou nas salas de interrogatório de Argel. De Acra, o funcionário Mensah, da Ghana Airways, que exige dezenas de milhares de francos

Unidade africana

a cada reserva, havia nos confirmado o trajeto Monróvia-Conacri. Ora, no aeroporto liberiano soubemos que nosso avião estava cheio e que teríamos de esperar até o dia seguinte para chegarmos a Conacri em um avião da Air France. Os funcionários foram extraordinariamente atenciosos conosco. Propuseram-nos até que a companhia se encarregasse de todos os gastos de nossa estada. Essa cortesia exemplar, a nacionalidade francesa de grande parte dos empregados e o ar de vivandeira de uma francesa obsequiosa e mais que enfadonha nos fizeram mudar de rota. Resolvemos sair de Monróvia por terra e entrar na Guiné, à noite, por N'Zérékoré.

Até o último momento os funcionários estavam convencidos de que pegaríamos o avião, que naquele dia estava duas horas atrasado.

Os serviços de informação franceses haviam claramente assumido o caso. O avião que saiu de Robertsfield, em vez de ir para Freetown, mudou de rota e aterrissou em Abidjan, onde foi revistado por agentes franceses.

É claro que o governo marfinense tem grande responsabilidade nesse caso. Uma operação assim não poderia ser levada a cabo sem sua cumplicidade ou, pelo menos, sua benevolência. Houphouët-Boigny, que alguns tentam inocentar, continua a desempenhar um papel de destaque no sistema colonial francês, e os povos africanos ganhariam muito se o isolassem e provocassem sua queda. Houphouët-Boigny é, objetivamente, o entrave mais consciente à evolução e à libertação da África. Enfim, os serviços de informação devem ter se arrependido amargamente. Uma operação assim só compensa quando é bem-sucedida. O fracasso público nessas condições revela métodos de banditismo que podem endurecer até mesmo quem havia aceitado fechar os olhos.

Essa África que está por vir

Em todo caso, espero que as autoridades francesas tenham perdido o nosso rastro.

Eis-nos então em Bamako, capital do Mali. Modibo Keita, sempre militante, entende tudo na hora. Não há necessidade de grandes discursos. Nossas sessões de trabalho avançam com rapidez. Sem perder tempo, os irmãos dos Serviços de Transmissão discutem com ele e resolvem instalar um centro de escuta em Kayes. Creio que até 5 de dezembro ele estará funcionando. No momento, estamos alojados no centro de recepção do quartel de Bamako. Preparativos de combate todos os dias. N'Krumah chega no dia 21 em visita oficial.

Em Bamako o elemento francês ainda é importante. A maior parte das livrarias, farmácias e casas de comércio pertence a colonos franceses. Aqui e ali se cruza com um comandante, dois sargentos... Ontem, domingo, dia 20, um sargento francês servindo no Exército malinês que veio de Ségou com uma companhia chegou ao centro de recepção. Muito educadamente, apresentou-se e apertou nossas mãos. Queria saber se não podíamos arranjar-lhe uma cama. É preciso ter um senso de humor diante dessas coisas. Em todo caso, conseguimos instalar uma sentinela armada a partir das vinte horas. De tempos em tempos, veículos dirigidos por europeus circulam em torno de nosso pavilhão. Não é um local muito seguro. Felizmente, as coisas se aceleram. Na terça-feira 22, às cinco horas da manhã, partimos para Gao. A estrada Bamako-Tombuctu está impraticável.

De Bamako chegamos a Segou, onde Jouanelle nos recebe. Tanque cheio e chegamos a San. Depois a Mopti. Em Mopti, um contratempo. Na saída da cidade, uma barreira policial, e as sentinelas exigem nossos passaportes. Seguiu-se uma discussão fatigante, pois, apesar do documento do ministro do Interior, os policiais querem checar nossas identidades. Por fim chega o chefe do posto e sou obrigado a me apresentar. Mas parece que estamos diante de um homem em busca de informações. Quer saber a natureza da missão e as qualificações dos que me acompanham.

Fico com raiva e lhe digo para me deter e prender por me recusar a mostrar meus documentos. Diante disso, ele percebe que se atrapalhou e nos deixa ir, não sem antes prometer sigilo absoluto.

A estrada Mopti-Douentza é uma piada. No meio de uma floresta, avança-se seguindo os rastros de uma viatura que deve ter passado por lá uns seis meses atrás. Avançar desse jeito no meio da noite é muito penoso, e mais de uma vez nos perdemos. Por fim, às duas horas da manhã, chegamos. Ninguém na aldeia. O comandante não se encontra e sua mulher nos envia ao acampamento… que está fechado. Alguns no veículo, outros fora dele, conseguimos ainda assim descansar um pouco. Às sete horas, partida para Gao, via Hombori. Às nove da noite batemos à porta do comandante. Dez minutos depois estamos em pleno trabalho. As coisas correm bem e os malineses estão totalmente decididos a nos ajudar na criação dessa terceira frente. Por vezes se fala da odisseia de Leclerc de Hauteclocque. A que estamos preparando, se o governo francês não entender a tempo, vai transformar o episódio Leclerc numa excursão banal. Em Gao encontramos uma documentação completa deixada pelos serviços secretos franceses sobre a fronteira argelino-marroquina. Todos os nomes dos argelinos que lá vivem são mencionados. Também é mencionada, na margem, sua maior ou menor ade-

Essa África que está por vir 259

são às ideias nacionalistas. Facilmente encontramos o negativo do esqueleto de uma célula de trabalho e de passagem. Obrigado, comandante Cardaire.

DEPOIS DE DOIS DIAS em Gao, vamos para Aguerhoc. O comandante de Gao nos faz abandonar nossas roupas peules e oferece a cada um de nós um bom uniforme de soldado marroquino com uma carabina Mas modelo 36 e vinte cartuchos. Aliás, teremos a ocasião de matar uma abetarda e várias corsas.

EM AGUERHOC ENCONTRAMOS, por volta das 23 horas, o chefe da subdivisão de Kidal, acompanhado pelo chefe do posto de Tessalit. Apresentação. Trinta minutos depois discutimos estratégia, terreno, passagem...

É excitante viver esses momentos. Bastou esses dois responsáveis saberem quem éramos para que toda uma cumplicidade até então latente se exprimisse. O que nós queremos, eles nos dão. Queremos ver de perto a fronteira, Tessalit, Bouressa, que fica em frente a Tir Zaouten, onde os franceses, desprevenidos, estão construindo um aeroporto? Claro.

E lá vamos nós por uma estrada de quase mil quilômetros. Essa parte do Saara não é nem um pouco monótona. Mesmo o céu lá em cima muda constantemente. Há alguns dias assistimos a um pôr do sol em que o céu ficou violeta. Hoje é um vermelho muito forte que limita a visão. Aguerhoc, Tessalit, Bouressa. Em Tessalit atravessamos um campo militar francês. Um soldado francês com o torso nu nos faz acenos amigáveis. Ele cairia de quatro se soubesse quem se esconde sob estes uniformes de soldados marroquinos.

260   *Unidade africana*

Em Bouressa fazemos contato com um grupo nômade malinês. Ficamos conhecendo cada vez mais detalhes sobre as forças francesas. Bordj le Prieur, Tir Zaouaten, Bidon v.

E, mais adiante, Tamanrasset, onde, juntando as coisas, conseguimos ter uma ideia bem clara dos efetivos franceses. Os guias que encontramos em Bouressa têm um ar sério e decidido. Precisamos utilizá-los com prioridade.

Em Kidal eu mergulho em alguns livros sobre a história do Sudão.* Revivo, com a intensidade imposta pelas circunstâncias e pelos lugares, os antigos impérios de Gana, do Mali, de Gao, assim como a impressionante odisseia das tropas marroquinas com o famoso Djouder. Nem tudo é simples. Eis que a Argélia em guerra vem pedir ajuda ao Mali. Ora, nessa época o Marrocos reivindica a Mauritânia e uma parte do Mali... e também uma parte da Argélia.

E ENTÃO QUE NOS PREPARAMOS para revirar de cima a baixo, em torno de um campo de batalha onde será preciso muito rigor e sangue-frio, essa região saariana marcada por tantas influências e na qual os oficiais franceses não param de criar focos de dissidência. Algumas reflexões colhidas aqui e ali, sempre com especial ênfase quando se trata do islã e da raça, exigem uma prudência redobrada.

O colonialismo e seus derivados não constituem, para dizer a verdade, os atuais inimigos da África. Em pouco tempo

---

* Fanon não se refere aqui ao país chamado Sudão, situado do lado oposto, na costa leste do continente africano, mas ao chamado Sudão Ocidental, onde prosperaram as civilizações a que ele se refere. (N. T.)

Essa África que está por vir 261

esse continente será libertado. De minha parte, quanto mais eu penetro nessas culturas e nesses círculos políticos, mais certeza tenho de que o grande perigo que ameaça a África é a ausência de ideologia. A velha Europa sofreu durante séculos até alcançar a unidade nacional dos Estados. E mesmo que fosse possível pôr um ponto-final, quantas guerras ainda! Com o triunfo do socialismo na Europa Oriental, assiste-se a um espetacular desaparecimento das velhas rivalidades, das tradicionais reivindicações territoriais. Esse foco de guerras e assassinatos políticos constituído por Bulgária, Hungria, Estônia, Eslováquia e Albânia deu lugar a um mundo coerente cujo objetivo é a edificação da sociedade socialista.

Na África, pelo contrário, os países que obtêm a independência são tão instáveis quanto suas novas burguesias ou seus príncipes renovados. Depois de alguns passos hesitantes na arena internacional, as burguesias nacionais, não mais sentindo a ameaça da potência colonial tradicional, descobrem de súbito grandes apetites. E, como ainda não têm prática política, pretendem conduzir esse assunto como se fosse parte de seus negócios. Sinecuras, ameaças ou mesmo, literalmente, a espoliação da vítima. Tudo isso é evidentemente lamentável, pois os pequenos Estados não dispõem de outro recurso senão suplicar à antiga metrópole para que permaneça um pouco mais. Da mesma forma, nesses pseudo-Estados imperialistas, uma política militarista excessiva acarreta a redução dos investimentos públicos em países ainda parcialmente medievais. Os trabalhadores descontentes são submetidos a uma repressão tão implacável quanto aquela dos períodos coloniais. Sindicatos e partidos políticos de oposição são confinados a uma semi-clandestinidade. O povo, o povo que nos momentos difíceis da luta de libertação nacional dera tudo de si, questiona-se, de mãos e ventres vazios, sobre o grau de realidade de sua vitória.

Há quase três anos eu tento fazer com que a nebulosa ideia da unidade africana se liberte dos marasmos subjetivistas, ou mesmo totalmente fantasmáticos, da maioria de seus apoiadores. A unidade africana é um princípio a partir do qual se propõe estabelecer os Estados Unidos da África sem passar pela fase nacional chauvinista burguesa, com seu cortejo de guerra e óbitos.

Para dar início a essa unidade, todas as combinações são possíveis.

Alguns países, como a Guiné, Gana, o Mali e, amanhã, talvez a Argélia, colocam em primeiro plano a ação política. Outros, como a Libéria e a Nigéria, insistem na cooperação econômica. A RAU, por seu turno, enfatiza sobretudo o plano cultural. Tudo é possível e tanto uns quanto os outros deveriam evitar desacreditar ou denunciar os que veem essa unidade, essa aproximação dos Estados africanos, de uma forma diferente da sua. O que se deve evitar é a tensão entre Gana e Senegal, entre Somália e Etiópia, entre Marrocos e Mauritânia, entre o Congo e o Congo... Na verdade, os Estados colonizados que alcançaram a independência pela via política parecem não ter outra preocupação que não entrar num campo de batalha, com ferimentos e destruição. Mas é claro que essa explicação psicológica, que apela a uma hipotética necessidade de descarregar a agressividade, não nos satisfaz. Precisamos voltar mais uma vez aos esquemas marxistas. As burguesias triunfantes são as mais impetuosas, as mais empreendedoras, as mais anexionistas que existem (não foi à toa que a burguesia francesa de 1789 submeteu a Europa a ferro e fogo).

Essa África que está por vir

Indicações técnicas

1. Passagem para caminhões: difícil de realizar de imediato. É preciso preparar a coisa. Contactar o motorista. Então estudar o processo. Estudar os depósitos. Isso exigirá, se quisermos garantir um mínimo de precaução e o máximo de sucesso, pelo menos três meses de preparação a partir do início real da aplicação do projeto.

2. Todo o problema é saber se o que queremos é:
a) ou abastecer as forças já existentes no Saara;
b) ou abastecer as *wilayas* I, V e o restante da VI;
c) ou criar literalmente uma série de linhas de ataque perpendiculares ao Atlas do Tell que eventualmente se encontrariam e trabalhariam em conjunto com as *wilayas* já existentes.

Claro, podemos dizer que essas escolhas não são excludentes e que as três opções podem estar contidas num mesmo programa. De toda forma, é preciso priorizar uma dessas três possibilidades mesmo que o conjunto da operação saariana deva envolver todas elas.

Pessoalmente, tendo a preferir o ponto C.

Como realizá-lo?

Antes de mais nada, levar à fronteira o máximo de equipamento. Nos dois meses seguintes:

- 10 mil rifles;
- 4 mil PM;*

---

* PM (*pistolet-mitrailleur*) e FM (*fusil-mitrailleur*) se referem a tipos de armas, no caso metralhadoras semiautomáticas. (N. T.)

- 1,5 mil FM;
- 600 metralhadoras;
- 300 a 400 lança-foguetes.

As minas e granadas não diretamente utilizáveis no Saara deveriam ser reservadas para o abastecimento das *wilayas* do norte.

O que fazer com essas armas, ou seja, como realizar a ação?

Eu vejo a questão segundo duas direções:

- uma vertical;
- a outra horizontal.

A direção horizontal é a da implantação, enquanto a vertical é a da penetração.

Uns quarenta elementos conhecedores do Saara e excelentes militantes poderiam ser nomeados chefes de esquadrão.

Esses esquadrões evoluiriam em grupos de dez. Cada esquadrão poderia comportar, de início, de 20 a 25 membros, ficando a cargo dos chefes aumentar rapidamente esse número para 100 ou até 150. O recrutamento seria feito, em princípio, localmente. Sejam indivíduos argelinos vivendo no Mali ou tuaregues malineses. Isso pode ser feito em um mês e meio. Entre hoje e 15 de janeiro é possível armar e introduzir na Argélia de 500 a 800 homens armados.

A primeira onda é de politização e mobilização. Ela deverá evitar confrontos e deixar passar as oportunidades de atacar o inimigo, mesmo que o sucesso seja garantido. Seu papel é despertar as populações, tranquilizá-las quanto ao futuro, mostrar o armamento do ALN, libertá-las psicológica e mentalmente da influência do inimigo.

De cada tribo importante com que se trave contato, o esquadrão deve recrutar de três a quatro novos membros e deixar três ou quatro de seus membros originais. Motivo:

a) Os novos recrutas conhecem o terreno adiante e servem, de início, como traço de união e como intérpretes políticos junto às tribos do Norte;

b) Os membros do esquadrão deixados no local preparam diferentes canais de ligação que vão receber as ondas seguintes.

Teríamos, assim, o seguinte esquema:

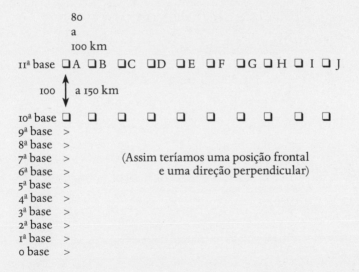

Ao mesmo tempo, as colunas de abastecimento se movimentariam em direção à base 1.

266 *Unidade africana*

A base 2 enviaria colunas de abastecimento à base 1.

A base 3 à base 2... e assim sucessivamente. Só quando as bases avançadas tiverem recebido três ou quatro remessas de abastecimento é que se poderá considerar a questão do desencadeamento das operações.

Nesse momento, aliás, os contatos com os motoristas e talvez uma situação melhor em Fezzan nos permitirão abastecer regularmente os grupos do ALN.

Cada grupo de 25 deve ter o seguinte armamento:

- 2 lança-foguetes e 20 obuses;
- 2 metralhadoras, uma das quais antiaérea;
- 3 FM.

Os grupos partiriam com intervalos de dois dias. Seria preciso prever uma estação de rádio na partida para a base 0, que ficaria em D,

para a 4ª base, localizada em J,

para a 9ª base, localizada em A,

e duas ou três estações ao longo da fronteira.

Essas estações de fronteira terão horários de escuta em conjunto com o estado-maior do Norte e cada uma das estações das bases 0, 4 e 9.

2. A morte de Lumumba: poderíamos ter agido de outra forma?[38]

Os observadores que se encontravam nas capitais africanas durante o mês de junho de 1960 puderam se dar conta de algumas coisas. De fato, cada vez mais numerosos, surgiam estranhos personagens vindos de um Congo que acabara de aparecer no cenário internacional. O que diziam esses congoleses? Diziam qualquer coisa. Que Lumumba tinha se vendido aos ganenses. Que Antoine Gizenga fora comprado pelos guineenses e Anicet Kashamura pelos iugoslavos. Que os civilizadores belgas estavam partindo cedo demais etc.

Mas se alguém levasse um desse congoleses para um canto e o interrogasse, iria perceber que algo de muito grave estava sendo tramado contra a independência do Congo e contra a África.

Senadores e deputados congoleses, imediatamente após as comemorações da independência, desapareciam do Congo e se dirigiam para... os Estados Unidos. Outros se instalavam por várias semanas em Brazzaville. Sindicalistas eram convidados a irem para Nova York. Lá também, se esses deputados e senadores fossem levados para um canto e interrogados, ficaria patente que todo um processo bastante preciso estava para ser desencadeado.

Antes já de 1º de julho de 1960, foi lançada a operação Catanga. Sua finalidade? Claro, salvaguardar a União Mineira.

268   *Unidade africana*

Mas, além dessa operação, o que se defendia era uma concepção belga. Um Congo unificado, com um governo central, ia de encontro aos interesses belgas. Apoiar as reivindicações descentralizadoras de diversas províncias, alimentá-las, suscitá-las, essa era a política belga antes da independência.

Em sua tarefa, os belgas eram ajudados pelas autoridades da Federação da Rodésia e Niassalândia. Hoje se sabe, e o sr. Dag Hammarskjöld melhor que ninguém, que antes de 30 de junho de 1960 uma ponte-aérea Salisbury-Elizabethville fornecia armas a Catanga. Lumumba um dia proclamara que a libertação do Congo seria a primeira fase da independência total da África Central e Meridional, e estabelecera precisamente seus próximos objetivos: apoiar movimentos nacionalistas na Rodésia, em Angola e na África do Sul.

Um Congo unificado tendo à frente um militante anticolonialista constituía um perigo concreto para essa África sulista, muito propriamente sulista, que o resto do mundo finge que não vê. Ou melhor, diante da qual o resto do mundo se contenta em chorar, como em Sharpeville, ou em realizar exercícios de estilo por ocasião das jornadas anticolonialistas. Lumumba, porque era o líder do primeiro país dessa região a conquistar a independência e porque conhecia concretamente o peso do colonialismo, havia assumido o compromisso, em nome de seu povo, de contribuir fisicamente para a morte dessa África. Que as autoridades de Catanga e de Portugal tenham feito de tudo para sabotar a independência do Congo não nos surpreende. Que elas tenham reforçado a ação dos belgas e aumentado o ímpeto das forças centrífugas no Congo

A morte de Lumumba: poderíamos ter agido de outra forma? 269

é um fato. Mas isso não explica a deterioração que se instalou progressivamente no Congo, não explica o assassinato friamente calculado e executado de Lumumba; essa colaboração colonialista no Congo é insuficiente para explicar por que, em fevereiro de 1961, a África vai experimentar, em função do Congo, sua primeira grande crise.

Sua primeira grande crise porque ela terá de decidir se avança ou recua. Será preciso que ela compreenda não ser mais possível avançar por regiões; que, como um grande corpo que rejeita qualquer mutilação, será preciso avançar em sua totalidade; que não haverá uma África lutando contra o colonialismo e outra tentando se acertar com ele. Será preciso que a África, ou seja, os africanos, compreendam que não existe grandeza na procrastinação e que não há jamais desonra em se dizer o que se é e o que se deseja e que, na verdade, a inteligência do colonizado só pode estar, em última análise, em sua coragem, na concepção lúcida de seus objetivos e de suas alianças, na tenacidade que o leva à libertação.

Lumumba acreditava em sua missão. Tinha uma confiança exagerada em seu povo. Esse povo, para ele, não podia se enganar nem tampouco ser enganado. E, de fato, tudo parecia lhe dar razão. A cada vez, por exemplo, que os inimigos do Congo conseguiam levantar a opinião pública contra ele numa região, bastava-lhe aparecer, explicar, denunciar para que a situação voltasse ao normal. Ele estranhamente se esquecia de que não podia estar em toda parte ao mesmo tempo e que o milagre da explicação era menos a verdade do que ele expunha do que a verdade de sua pessoa.

Lumumba havia perdido a batalha pela presidência da República. Mas como encarnava, antes de tudo, a confiança que o povo congolês depositava nele, como confusamente os povos africanos haviam compreendido que só ele se preocupava com a dignidade de seu país, Lumumba continuou, não obstante, a representar o patriotismo congolês e o nacionalismo africano naquilo que têm de mais rigoroso e de mais nobre.

ENTÃO, outros países bem mais importantes que a Bélgica ou Portugal resolveram interessar-se diretamente pela questão. Lumumba foi contactado, interrogado. Depois de seu périplo pelos Estados Unidos, a decisão foi tomada: Lumumba devia desaparecer.

Por quê? Porque os inimigos da África não estavam enganados. Haviam entendido perfeitamente que Lumumba era um vendido — vendido à África, é claro. Ou seja, que não estava mais à venda.

Os inimigos da África se deram conta, com um certo pavor, de que, se Lumumba triunfasse, bem no coração do sistema colonialista, com uma África francesa se transformando numa comunidade renovada, uma Angola como "província portuguesa" e, por fim, a África Oriental, isso seria o fim da África "deles", para a qual tinham planos bastante precisos.

O GRANDE SUCESSO DOS inimigos da África é ter implicado os próprios africanos. É verdade que esses africanos estavam interessados na morte de Lumumba. Chefes de governos fantoches, no seio de uma independência fantoche, confrontados

A morte de Lumumba: poderíamos ter agido de outra forma? 271

dia após dia com a generalizada oposição de seus povos, logo se convenceram de que a independência real do Congo os colocaria pessoalmente em perigo.

E houve outros africanos, um pouco menos fantoches, mas que se atemorizam quando se trata de desconectar a África do Ocidente. Tem-se a impressão de que esses chefes de Estado africanos sempre têm medo de encarar a África. Também eles, de maneira menos ativa porém mais consciente, contribuíram para o agravamento da situação no Congo. Pouco a pouco, o Ocidente ia chegando a um consenso: era preciso intervir nesse país, não se podia mais deixar as coisas evoluírem nesse ritmo.

Pouco a pouco, tomou corpo a ideia de uma intervenção da onu. Então, hoje se pode dizer que dois erros simultâneos foram cometidos pelos africanos.

Primeiro pelo próprio Lumumba, quando solicitou a intervenção da onu. Não era preciso apelar à onu. Ela nunca foi capaz de resolver de maneira válida nenhum dos problemas apresentados à consciência humana pelo colonialismo, e a cada vez que ela interveio foi para socorrer concretamente o poder colonialista do país opressor.

Vejam o caso de Camarões. De que paz desfrutam os súditos do sr. Ahmadou Ahidjo, mantidos na linha por um corpo expedicionário francês que, na maior parte do tempo, teve suas primeiras experiências com armas na Argélia? Mas a onu controlou a autodeterminação de Camarões e o governo francês lá instalou um "executivo provisório".

Vejam o Vietnã.

Vejam o Laos.

Não é verdade que a onu falhe por serem casos difíceis.

Na realidade, a onu é a carta jurídica utilizada pelos interesses imperialistas quando a carta da força bruta não funciona.

As partilhas, as comissões mistas controladas, os arranjos de tutela são meios legais internacionais de torturar e esmagar o desejo de independência dos povos, de cultivar a anarquia, o banditismo e a miséria.

Afinal de contas, antes da chegada da onu não havia massacres no Congo. Após os rumores fabulosos deliberadamente propagados por ocasião da partida dos belgas, só se contava uma dezena de mortos. Mas depois da chegada da onu tornou-se comum descobrir a cada manhã que centenas de congoleses massacraram uns aos outros.

Hoje nos dizem que repetidas provocações foram armadas por belgas disfarçados de soldados da Organização das Nações Unidas. Hoje nos revelam que funcionários civis da onu haviam de fato montado um novo governo três dias depois da posse de Lumumba. Agora se compreende bem melhor o que se afirmava ser a violência, a rigidez, a suscetibilidade de Lumumba.

Tudo mostra, com efeito, que Lumumba foi excepcionalmente calmo.

Os chefes de missão da onu travavam contato com os inimigos de Lumumba e com eles tomavam decisões envolvendo o Estado do Congo. Como um chefe de governo deve reagir num caso desses? A finalidade perseguida e atingida era a seguinte: mostrar a ausência de autoridade, provar a carência do Estado.

Portanto, provocar o sequestro do Congo.

Então, o erro de Lumumba foi, em um primeiro momento, acreditar na amistosa imparcialidade da onu. Ele esqueceu,

A morte de Lumumba: poderíamos ter agido de outra forma? 273

curiosamente, que a ONU, em seu atual estado, não passa de uma assembleia de reserva, estabelecida pelos grandes, para levar adiante, entre dois conflitos armados, a "luta pacífica" pela partilha do mundo. Se o sr. Joseph Iléo afirmava, em agosto de 1960, a quem quisesse ouvir, que era preciso enforcar Lumumba; se os membros do gabinete de Lumumba não sabiam o que fazer com os dólares que, a partir dessa época, começaram a invadir Léopoldville; se, enfim, Mobutu Sese Seko ia todas as noites a Brazzaville para aí fazer e ouvir o que hoje podemos imaginar melhor, por que então recorrer à ONU com tanta sinceridade, tanta ausência de cautela?

Os AFRICANOS DEVERÃO SE lembrar dessa lição. Se for necessária uma ajuda externa, apelemos a nossos amigos. Só eles podem nos ajudar real e completamente a alcançar nossos objetivos, pois, precisamente, a amizade que a eles nos une é uma amizade de combate.

Mas os países africanos, por sua vez, cometeram uma falha ao aceitarem enviar tropas sob a cobertura da ONU. Na prática, eles admitiram ser neutralizados e, sem suspeitar, permitiram que outros fizessem seu trabalho.

Era sem dúvida necessário enviar tropas a Lumumba, mas não no âmbito da ONU. De forma direta. De um país amigo para o outro. As tropas africanas no Congo sofreram uma histórica derrota moral. Com as armas depostas, assistiram sem reagir (já que eram tropas da ONU) à desagregação de um Estado e de uma nação que a África inteira havia louvado e cantado. Uma vergonha.

NOSSO ERRO, o erro dos africanos, é ter esquecido que o inimigo jamais recua de maneira sincera. Jamais compreende. Ele capitula, mas não se converte.

Nosso erro é ter acreditado que o inimigo havia perdido sua combatividade e sua nocividade. Se Lumumba incomoda, Lumumba morre. Hesitar em assassinar nunca foi uma característica do imperialismo.

Vejam Ben M'Hidi, vejam Moumié, vejam Lumumba. Nosso erro foi termos sido ligeiramente confusos em nossas disposições. É fato que na África, hoje, existem traidores. Era preciso denunciá-los e combatê-los. O fato de isso ser duro depois do sonho magnífico de uma África voltada para si mesma e submetida às mesmas exigências de uma verdadeira independência não muda a realidade.

OS AFRICANOS ENDOSSARAM A política imperialista no Congo, serviram de intermediários, avalizaram as atividades e os estranhos silêncios da ONU naquele país.

Hoje eles têm medo. Rivalizam entre si na hipocrisia diante do túmulo de Lumumba. Não nos enganemos, eles expressam o medo de seus chefes. Os imperialistas também têm medo. E eles têm razão, pois muitos africanos, muitos afro-asiáticos compreenderam. Os imperialistas vão dar uma pausa. Vão esperar que a "emoção legítima" se acalme. Devemos aproveitar essa breve trégua para abandonar nossas iniciativas temerárias e decidir salvar o Congo e a África.

Os imperialistas resolveram abater Lumumba. É o que fizeram. Resolveram constituir legiões de voluntários. Eles já estão a postos.

A morte de Lumumba: poderíamos ter agido de outra forma? 275

A aviação de Catanga, sob as ordens de pilotos belgas e sul-africanos, começou há vários dias a fazer disparos de metralhadora sobre o solo. De Brazzaville, chegam aviões estrangeiros recheados de voluntários e oficiais paraquedistas para resgatar um certo Congo.

Se decidirmos apoiar Gizenga, devemos fazê-lo com firmeza.

Pois ninguém conhece o nome do próximo Lumumba. Existe na África uma certa tendência, representada por determinados homens. É essa tendência perigosa para o imperialismo que está em causa. Devemos ter o cuidado de nunca esquecer isto: é o destino de todos nós que está em jogo no Congo.

Notas

1. Texto publicado na revista *Esprit*, fev. 1952.
2. Cf. *La Sécurité sociale? C'est nous qui payons!*
3. STERN, E. "Médecine psycho-somatique", *Psyché*, jan./fev. 1949, p. 128.
4. Grifo meu.
5. Grifo meu.
6. Rua de um bairro pobre de Lyon onde moram muitos norte-africanos.
7. Texto publicado na revista *Esprit*, fev. 1955.
8. *Peau noire, masques blancs* (col. Esprit, Seuil).
9. Digamos que as concessões que fizemos são fictícias. Filosófica e politicamente, não existe um povo africano, mas um mundo africano. Da mesma forma, um mundo antilhano. Por outro lado, pode-se dizer que há um povo judeu, mas não uma raça judaica.
10. Ver, por exemplo, o Carnaval e as canções compostas nessa ocasião.
11. Poderíamos dizer: como a pequena burguesia francesa àquela época, mas essa não é a nossa perspectiva. O que queremos aqui é estudar a mudança de atitude do antilhano em relação à negritude.
12. CÉSAIRE, A. *Cahier d'un retour au pays natal*, p. 49.
13. Texto da intervenção de Frantz Fanon no 1º Congresso de Escritores e Artistas Negros, Paris, set. 1956. Publicado no número especial de *Présence Africaine*, jun./nov. 1956.
14. Um fenômeno pouco estudado aparece por vezes nesse estágio. Intelectuais e pesquisadores do grupo dominante estudam "cientificamente" a sociedade dominada, sua estética, seu universo ético. Nas universidades, os raros intelectuais colonizados veem revelado seu sistema cultural. Acontece de até os doutos dos países colonizadores se entusiasmarem com essa característica específica. Surgem os conceitos de pureza, de ingenuidade, de inocência. A vigilância do intelectual nativo deve redobrar-se aqui.
15. Como regra geral, nesta série de artigos do veículo central da FLN, os eventos a que Fanon se refere ainda estão suficientemente presentes na memória de todos, e o próprio autor foi bastante longe em sua

278   *Por uma revolução africana*

busca por clareza e didatismo, motivo pelo qual não se considerou útil sobrecarregar esses textos com notas históricas explicativas.

16. *El Moudjahid*, n. 10, set. 1957.

17. *El Moudjahid*, n. 10, set. 1957.

18. Em Constantina, um comissário de polícia iria suicidar-se em 1956.

19. *El Moudjahid*, n. 12, 15 nov. 1957. Em referência ao livro de Georges Arnaud e Jacques Vergès intitulado *Pour Djamila Bouhired*.

20. Esta série de três artigos apareceu no *El Moudjahid* em 1º dez. 1957, 15 dez. 1957 e 30 dez. 1957.

21. *El Moudjahid*, n. 16, 15 jan. 1958.

22. *El Moudjahid*, n. 18, 15 fev. 1958.

23. *El Moudjahid*, n. 21, 1º abr. 1958.

24. *El Moudjahid*, n. 22, 16 abr. 1958.

25. *El Moudjahid*, n. 23, 5 maio 1958.

26. *El Moudjahid*, n. 24, 29 maio 1958.

27. *El Moudjahid*, n. 27, 22 jul. 1958.

28. *El Moudjahid*, n. 28, 22 ago. 1958.

29. *El Moudjahid*, n. 29, 17 set. 1958.

30. *El Moudjahid*, n. 30, 10 out. 1958.

31. *El Moudjahid*, n. 31, 1º nov. 1958.

32. *El Moudjahid*, n. 34, 24 dez. 1958.

33. *El Moudjahid*, n. 34, 24 dez. 1958.

34. *El Moudjahid*, n. 37, 25 fev. 1959.

35. *El Moudjahid*, n. 42, 25 maio 1959.

36. *El Moudjahid*, n. 58, 5 jan. 1960.

37. *El Moudjahid*, n. 58, 5 jan. 1960.

38. *Afrique Action*, n. 19, 20 fev. 1961.

1ª EDIÇÃO [2021] 3 reimpressões

ESTA OBRA FOI COMPOSTA POR MARI TABOADA EM DANTE PRO E IMPRESSA EM OFSETE PELA GRÁFICA PAYM SOBRE PAPEL PÓLEN DA SUZANO S.A. PARA A EDITORA SCHWARCZ EM AGOSTO DE 2024

A marca FSC® é a garantia de que a madeira utilizada na fabricação do papel deste livro provém de florestas que foram gerenciadas de maneira ambientalmente correta, socialmente justa e economicamente viável, além de outras fontes de origem controlada.